《中庸》的人生感悟

郭继承◎著

陕西新华出版
太白文艺出版社·西安

图书在版编目（CIP）数据

《中庸》的人生感悟 / 郭继承著． -- 西安 ：太白文艺出版社，2024．8． -- ISBN 978-7-5513-2664-3

Ⅰ．B222.15

中国国家版本馆 CIP 数据核字第 202430WR83 号

《中庸》的人生感悟
《ZHONGYONG》DE RENSHENG GANWU

作　者	郭继承
责任编辑	姚亚丽
封面设计	新艺书文化
出版发行	太白文艺出版社
经　销	新华书店
印　刷	涿州市京南印刷厂
开　本	787mm×1092mm　1/16
字　数	118 千字
印　张	13.25
版　次	2024 年 8 月第 1 版
印　次	2024 年 8 月第 1 次印刷
书　号	ISBN 978-7-5513-2664-3
定　价	68.00 元

版权所有　翻印必究
如有印装质量问题，可寄出版社印制部调换
联系电话：029-81206800
出版社地址：西安市曲江新区登高路 1388 号（邮编：710061）
营销中心电话：029-87277748　029-87217872

目录

| 序一 | 中庸之道不是"和稀泥" | 1 |
| 序二 | 中道是我们为人处世的坐标 | 4 |

一	好的教育是养护人的道心和良知	001
二	向君子学习慎独的方法	005
三	不被情绪左右的智慧	010
四	时刻保持住自己的清醒	014
五	把中庸当成做事的北极星	018
六	面对道保持谦卑和尊重	022
七	学习孔子的精神	026
八	隐恶才能更好地扬善	029
九	避开人性的陷阱	033
十	改变自己才能改变命运	036
十一	赴汤蹈火不是中庸	039
十二	强大的几个层面	042

十三	成圣成贤最大的障碍	046
十四	细微之处见道行	050
十五	真正的智慧不离生活	053
十六	成就自我的方法	057
十七	修行修细节	061
十八	无所不在的中庸之道	063
十九	内圣外王方能厚德载物	066
二十	积善之家必有余庆	070
二十一	善继人之志才是至孝	075
二十二	修身是成就一切的关键	080
二十三	处理人际关系的诀窍	086
二十四	发自内心地对别人好	091
二十五	种下对别人的好感	096
二十六	预则立的智慧	102
二十七	成就自我的本质	105
二十八	成长最快的方法	108
二十九	自我成长的途径	113
三十	育人的本质	117
三十一	至诚的本质	119
三十二	专一对成长的意义	123

三十三	至诚才能预知一切	127
三十四	启发内在成为贤者的动力	131
三十五	持续下去才能改变	136
三十六	诚的精神内核	141
三十七	不为己私方能超凡入圣	146
三十八	德位匹配的智慧	153
三十九	尊重制度更要教化人心	157
四十	修成率先垂范的德行	159
四十一	不要急功近利	163
四十二	学习万物并育的大智慧	166
四十三	把至圣的境界当成修身的目标	168
四十四	发挥出内在觉悟的能力	174
四十五	君子风范的启示	177
四十六	省察自身的必要	180
四十七	至诚对人的影响	182
四十八	让自己成为社会上的关键少数	185

| 后记 | 文化的生命力在于传播 | 189 |

序二

中庸之道不是"和稀泥"

《中庸》是中国古代的"四书五经"之一。其中"四书"是指《论语》《孟子》《大学》《中庸》这四本书。而《大学》和《中庸》，原本只是《礼记》中的两篇，南宋朱熹将它们摘出来与《论语》《孟子》并称"四书"，成为儒家的重要经典。《中庸》这本书深得儒家思想的精髓，据传是孔子的孙子子思所作。

有人说儒家的思想过于强调道德伦理，对形而上的探索或者深刻的思考少一些，这种说法是有偏见的，《中庸》就是个证明。它在学理上是相当深刻的，在某种程度上有自己的一套体系，其中蕴含的深刻智慧，深深地影响着我们这个民族的生活方式、思维方式，以及价值观的确立，甚至我们中华民族的整个传统文化体系。随便到大街上找个中国人询问他什么是"中庸之道"，他大概率能回答出"中道圆融"。实际上，关于《中庸》这本书，我们对它的误解特别多。

有一次，我去一家企业做培训，主要为大家解读《中庸》这本书。讲课之前，我坐在台下听到两个学员私下里抱怨：领导邀请专家讲《中庸》干吗？什么中庸之道，不就是"和稀泥"、没原则，当个老好人，谁也不得罪吗……当时，我就猜想他们应该没有读过《中庸》这本书，以致有这样的误解和抱怨。

人的这一生，一定要有一个非常老实和诚恳的态度，这也是《中庸》提倡的非常重要的思想内容。读过这本书的人，往往深悉这一点。在根本不了解它的情况下，就说出一些很有偏见的话，是非常不负责任的，也是非常武断和浅薄的。换言之，读过《中庸》，才能懂得什么叫"中庸"。那时，再发出对"中庸"的质疑，才是应有的客观态度。不论对"中庸"是肯定的，还是否定的，也都会得到他人的尊重和认同。

《中庸》背后所蕴含的"中道圆融"智慧，堪称人类智慧的高峰，绝不是简单的"和稀泥""没有原则"。所以，今天我想借《〈中庸〉的人生感悟》这本书，让读者了解真实的"中庸"，真正的"中道圆融"和"圆融无碍"。由此，希望您不仅能汲取《中庸》的智慧，还可以把这种智慧运用在思考问题的细节里，以及生活、工作的方方面面，以对您的工作和生活都有所助益。

序二

中道是我们为人处世的坐标

《中庸》实际上有两个层次的内涵：一个是表象的，是求中，即一个人要达到什么样的状态，这个过程是求中。一个是实质上的，是途径和原因，就是我们平常说的"知其然，还要知其所以然"，即怎样才能达到中庸所要求的那个状态，为什么会达不到那个状态，要究其根本。

我们先说它的第一个层次，什么是求中？《中庸》里边所谓的"中"，不是物理位置上的"中"，而是两种力量的平衡点，且这两种力量是动态的，就像中国道家八卦图上阴阳鱼中间的那条"S"线，始终平衡着两侧的能量，使之和谐统一。

就像人的身体，也需要阴阳平衡，不平衡就会有毛病。现在很多家长非常关注孩子学习，天天逼着孩子写作业，很多十多岁的小孩因压力过大，身体出现不同程度的问题，这完全忽略了我们中国人提倡的"一张一弛，文武之道"。什么是"文武之道"？实际上"文"和"武"就是一对"平衡"，是"中"。孩子学习很重要，身体健康同样很重要，这是"中"。

无论何时，无论何事，一定要把各种力量保持在"中"上，不"中"，就不长久。比如，一个组织的领导者，既重视提拔自己熟悉的人，对于那些德才兼备但自己不熟悉的人也同样提拔重用；自己办公室的人要提拔，其他部门的人也能获得晋升……把每一个阶层、每一个行业都重视到了，这就是"中正"。如果这位领导者能够把各种力量都处理得妥妥帖帖，各个方面都处理得细致到位，充分把握住、把握好平衡点，那么，这个组织所呈现出来的必定是一片和谐之象，而这种和谐之象就是中和。

"中"才能正，"中"才能和，所以我们说"中"的第一层意思，实际上是一个做事的要求和标准，就是希望我们每一个人做任何事,都能在各种力量之间保持平衡。这个力量的平衡点实际上就是我们做事的一个方向,整个过程中所要追求的一个理想的目标。

这个"中"好达到吗?其实是非常难的。现实中我们每一个人,基本上都是"不中"的,怎么办呢?把"中"当成我们做事的一个标准、一个目标,当成黑夜里最亮的"北极星"。自己说话办事不"中"时,赶紧以"中"为标准进行校正。只有不断地追求"中",做到"中",才能少犯错误,避免在错误的道路上越滑越远。

中庸是一种大的智慧,它是我们为人处世的坐标,是为我们的人生指引方向的北极星。但是,现实中很多人思想很偏激,做事也容易偏颇,给自己的人生造成很多问题,甚至给他人、社会带来严重的危害。因此,我们要思考人为什么"不中",怎么能"中",这就是中庸要解决的另外一个层次的问题。

一个人之所以"不中",其实就是他心中的智慧被蒙蔽了,被人性中的很多弱点,比如自私、贪心、欲望蒙蔽了。反之,当人性的这些弱点被擦拭掉了,被修掉了,他内在的那些智慧——灵性觉知的能力也就能够被充分展现出来,那么他做事的时候,就能在各种力量中间找到平衡，做到"中"。

在做事的过程中，如果人性当中的任何一个弱点冒出来，都会干扰"道心"，使得人们天生的智慧被蒙蔽，无法发挥它该有的能量，也就无法做到"中"。比如，一个和你同样特别优秀的人，他和你同一个宿舍，并且和你同时竞争班长，如果你不自私，不心胸狭窄，你就会非常欣赏他，这就是你的"道心"的状态。反之，由于很多时候你的光环都被他淹没了，显得他比你优秀得多，一看到他，你就很生气。这就是自私、狭隘、嫉妒，这些人性的弱点会蒙蔽你的"道心"，让你面对与你同样优秀的他时，无法做到中道圆融，失去了对他的正确判断。

所以，只要一个人的"道心"是澄明的，他就能做到"中"，知道该做什么，不该做什么，能很好地把握住"中"，做到中道。关键是人会存在很多弱点，如果总是被偏见、自私、欲望等弱点干扰，也就很难做到"中"。比如，项羽个人能力非常强，很多谋士给他的建议都是很好的，可是他的智慧被刚愎自用蒙蔽了，他听不进去那些好的建议，以致楚汉之争时失去了很多好的机会。

一个人一旦被人性的弱点蒙蔽，就会丧失对问题的正确判断。当他再看这个世界的时候，就看不到世界真实的状态，或者他明明知道自己是错的，由于自己已经被错误的情绪裹挟，结果在错误的道路上越走越远。比如，两个人吵架，双方都会说出很多伤害彼此的话。其实当其中一方说出伤人话的时候，他是非常清楚自己这话是不该说的。可是他照旧说了，就是因为他的心里充满了怨恨，他的"道心"被怨恨这种情绪充塞了，智慧和良知就被蒙蔽了。这种情况下，他说出的很多话都是"不中"听的，往往都是事后让他后悔的，会造成难以挽回的局面。

一个人只要做到了"中"，不论做哪一个行业的领导，他通常都能够正派中正，事业和谐。这样的人可以调动身边每一种力量，使之各得其所，令每一个人心情舒畅，为组织、为团队营造出一片欣欣向荣的局面，这就是"天地位焉，万物育焉"。

怎么才能做到这个状态，或者说我们为什么在做事时老是偏颇、偏激，做不到中道圆融呢？这涉及《中庸》中更高的一个层次，是一个溯源的过程。诚如前文所言，当我们的"道心"被人心蒙蔽了，内心充满了怨恨、嫉妒、自私等人性的弱点时，也就很难做到中道圆融。这时候，我们说的很多话，办的很多事，都是傻的话和错的事。社会上有些人之所以最后落得身陷囹圄、家破人亡的下场，就是因为他们被各种人性的弱点充斥了心田，丧失了对这个世界的正确判断。

所以，我们在为人处世的时候，一定注意在各种力量中维持中道，找到动态的平衡点。一旦找到这个动态的平衡点，处于当中的每一种力量都会被尊重，并且得到良好的发展机会。我们的生活和事业，会呈现出一片和谐的、生机勃勃的景象。这就需要我们不断地修炼"道心"，让人性的弱点减少一些。当我们人性中的弱点减少到智慧不怎么被蒙蔽时，我们才能正确地看待这个世界，知道什么事该做，什么事不该做，成长为中道圆融的人。

/一/
好的教育是养护人的
道心和良知

天命之谓性，率性之谓道，修道之谓教。[①]

《中庸》的开篇这三句话意义深刻，蕴含着无穷的道理。

什么叫"天命之谓性"？如果把这句话中间的内容都缩减了，只留下开头的一个字和最后的一个字，那就是"天性"，而天性是一个人生来就有的。比如，我们赞美一个人天性善良，就是说这个人不需要别人教，他天生就是善良的，这是他的天性，不是后天养成的。可见，"天命之谓性"，是指我们每个人天生都有的，

[①] 本书引用《中庸》全文，出自王国轩译注《大学·中庸》，中华书局，2016年版。

不用被别人教育的秉性。

还有"率性之谓道",这里的"率"是找到,也是统领、率领的意思。结合"天命之谓性"来看,"率性之谓道",就是指我们每个人都有的一种天性,如果找到了这种天性,并且按照这个天性去做,那就是得"道"了,这个过程是修道。

在中国文化的语境里,只有修道才是教育。《大学》的开篇说:"大学之道,在明明德。"这里的"在明明德",就是要一个人擦亮他心中本来就有的光亮的德行的过程。由于在为人处世的过程中会沾染一些恶习,这些恶习如同厚厚的灰尘,蒙蔽了人性中本该善良的、光亮的德行。擦去这些蒙在德行上的"灰尘",就能找到人性当中的"明德",找到我们人性当中光亮的德行,就是"率性之谓道"。

孔子在他七十岁的时候,总结自己人生最后一个阶段的状态,叫"从心所欲不逾矩"。他把自我人性中的污点、缺点都去掉了,让他的德行光芒四射。他做事的时候,能够用良知做主,用自己的真心做主。在这样的一个状态下,他想做什么就做什么,并且不违背规矩,因为他已经把外在的道德规范完全内化成了道德的自觉,这就是圣人。

"率性之谓道"是"明明德"之后才开始的真正意义上的修道,修的就是"明德"。换言之,只有找到自我心中的良知,才能真正地"明明德"。因此，一个人不断地找到自己的良知，让自己的良知做主，培养出自己的道心的过程，就是"修道之谓教"，也就是古人认为的教育。

《中庸》开篇这三句话，对今天我们更好地理解教育有非常大的启发。作为家长，如果读懂了《中庸》的这三句话，就会知道培养孩子的重点，不仅仅是让他有过硬的技能将来找到好的工作，更重要的是培养他的道心。毕竟培养孩子的良知和健全孩子的人格，让孩子做一个堂堂正正大写的人更重要。不要一味地在技术、技能方面下狠功夫，要更多地重视对孩子良知的培养、"厚德载物"的培养，为社会输送真正的人才，即以"道"支撑"术"的人才。

一个人如果只有"道"没有"术"，他的"道"就是悬空不能落实的；如果只有"术"没有"道"，"术"又是很危险走不远的。有"术"无"道"之人，未必会有造福社会的胸怀和修为，这样的人很容易因为一己之私做出危害社会的行为。所以，我们做教育的人，一定要注意培养孩子健全的人格，以及经得起检验的德行和品质，让受教育者无论未来地位有多高，权力有多大，名声有多响，在任何一个环境里都能经受起考验，堂堂正正做一个对社会、对国家有益的人，这才是教育真正的意义和目的。换言之，教育就该是养护人们原有道心、人性中固有良知的过程。

开篇的这三句话,既是《中庸》的主旨,又是对世人的警示。它告诫我们每一个人,无论是教育他人,还是在个人成长的过程中,须臾不能忘掉养护心中的天性与良知,以及对他人、对社会的责任与情怀,这才是让我们活出堂堂正正的大写的人生的基础。

/二/
向君子学习慎独的方法

> 道也者,不可须臾离也,可离非道也。是故君子戒慎乎其所不睹,恐惧乎其所不闻。莫见乎隐,莫显乎微,故君子慎其独也。

"道也者,不可须臾离也,可离非道也。"真正的道,任何人任何时候都不能离开它;如果离开它,人也可以过得很好,这个"道"也就不是真正的"道"。究竟什么才是真正的"道"?如果把它放到儒家文化里,或者把它放到《中庸》的语境里,就是我们每一个人心里的"道心",是存乎于我们每个人本性的能辨别是非、知道善恶的良心,也是《尚书》中"人心惟危,道心惟微"的"道心",更是人们判断是非的能力和智慧,是我们做事的指导,人这一生怎么可能离得开它?

无论是人类文明的辉煌成就，还是人生之中的璀璨事业，实际上都是由"道心"创造的。比如，一个人在做事的时候，是否能够时刻保持积极进取的状态，坚守良善的德行，以及根据事物的发展马上判断出一件事该不该做，有没有危险，要不要做；如果做，应当从什么地方进入，又该到什么时候停止等，确保这些判断正确与否的关键，都在于这个人的"道心"是否足够明亮。

所以，"道也者，不可须臾离也"。离开了"道"，离开了"良知"或者良心，也就离开了心性中的智慧，很容易变成一个不懂判断、不分是非、不知进退得失的人，那就是要倒霉的人，最终会因遭遇颠覆性的事故，给自己的人生留下难以抹去的遗憾。

"是故君子戒慎乎其所不睹，恐惧乎其所不闻。莫见乎隐，莫显乎微，故君子慎其独也。"真正的君子就担心自己不能把握"道心"，不能领会"道心"。我们总说人生是一场修行，但是到底修的是什么，很多人无从得知。其实所谓的修行，修的就是我们心性中的"道心"，从而让心性中的贪欲、自私、狭隘、偏见等弱点减去一些，心中变得光亮一些，个人的能力和能量才会在这一过程当中变得更强大一些。

人这一生其实都是在和自己人性的弱点做斗争，让自己的"道心"逐渐澄明。很多时候，我们赞美一个人的德行好，就是在肯定他"道心"的光亮，他人性里的弱点少。实际上我们这一辈子所有倒的霉、遇到的坎坷或者困厄,都是因为人性中的那些弱点扰动了。受骗者总是抱怨骗子的狡猾,难道不是他的贪心在扰动吗?骗子们无非是利用了人们人性当中的弱点,并加以诱导而已。当然,我无意为骗子辩护。骗人肯定是不对的,是违法的,做出这些事的人势必会受到法律的严惩,我只是借此提醒各位读者,不要被我们的贪念扰动。所以,真正的君子会不断地克服自己的弱点,让自己的"道心",也就是心中固有的智慧,或者良知呈现出来,这就叫"戒慎乎其所不睹,恐惧乎其所不闻"。

"莫见乎隐,莫显乎微。"人们在日常生活中的表现,才是其真实的状态和面貌。当一个人做好了充分的准备,开始一段演说,或者让一个人拿着经过反复修改的文稿进行讲话时,这个人出现失误的可能性就会很小,但这未必是这个人真实的状态和水平。要想了解他到底是什么样的人,他真实的演说水平如何,就得走到他的日常生活中去。生活中那些不经意表现出来的行为动作,才是这个人的本质,或者才是他真实的水平和状态。再比如,年轻人衣冠整齐地到未来的岳父家里相亲,看见地上的垃圾都能赶紧弯腰捡起来,就会让人觉得很有礼貌,行事也周到,可这并不一定是他真实的面貌,也不一定是他真实的修为。如果他回到自己的家中,仍然保持着彬彬有礼的风貌,保持着居家环境的整洁有序,才能说明这个年轻人的修为比较高。所以,判断一个人是否真正有修为，想要看清他的本质，就不要在他刻意装饰的场合里观察他，要走到他的日常生活中。

我听说过一个故事，可能被人进行了部分加工，但我认为它是以真实事件为蓝本的。有几个年轻人按照约定的时间到一家单位面试，秘书安排他们在办公室里等候。等了一个多小时，秘书告诉他们，老总突然有事，希望他们改日再来，并确定了下一次面试的时间。

这时候几个年轻人表现出来的状态就不一样了，有的人明显表现出了不耐烦，有的人抱怨、指责，甚至还有的人骂骂咧咧……只有一个年轻人表示理解，认为作为一个企业的老总，工作会特别忙，有突发事件也很正常。临走之前，他还贴心地把自己用过的纸杯收好，把凳子放回原处，并把地上的垃圾捡起来放进垃圾桶。后来，这个年轻人被录取了。

当一个人刻意打扮伪装自己时，旁人是很难看出他身上的毛病的，就像案例中的几个面试者，他们必然为了能够通过面试做了精心准备。当老总——这个关键性的人物不再出现时，他们会忍不住卸下伪装，开始"原形毕露"，呈现出自己日常的真实状态。那些能够一直保持彬彬有礼的态度，待人谦和周到，并以宽容的胸怀理解体谅别人的人，通常是可靠的人。这是一个人经过长期的修炼才能始终持有的状态，这是他真正的素质和修养。这

/ 二 /　向君子学习慎独的方法

样的素质和修养,"莫见乎隐,莫显乎微",会在他不经意间的每一个细节里表现出来。

一般来说,一个人在大街上表现出来的生活状态,也是他最自然的真实状态,因为这时候的他不需要讨好领导,不急于应付检查。他待人接物的状态,言谈举止透露出的那份修为,就是他的真实水平。

总之,一个真正的君子,一个有追求的人,是非常注重生活细节的,也是非常注重日常生活中对自我的约束的。

"故君子慎其独也。"在孔子或者儒家那里,"君子"有其特定的含义,通常指那些对自己有要求,愿意不断完善自己人格、提升自己智慧的人。一个真正有追求的君子,会特别担心自己的良知泯灭,"道心"被迷惑,他会时刻努力让自己的"道心"呈现出来,并在细节里面点亮自己的心灯,给自己一种力量,管好自己,让自己心中的智慧和德行呈现在世人面前。并且,他在提高自己追求、修行自己人生的时候,特别注意在细节里管理好自己,尤其是在无人知晓、自我独处的时候,会更加自律。

实际上一个人管好自己是很难的,但是至少要有一种意识:什么事能做,什么事不能做,要用自发的力量督促自己,约束自己。主动肩负起监督自己的责任,形成独处时的一种自觉,才能不断地提升自己的智慧,完善自己的人格。

《中庸》的人生感悟

/ 三 /
不被情绪左右的智慧

> 喜怒哀乐之未发,谓之中;发而皆中节,谓之和。中也者,天下之大本也;和也者,天下之达道也。致中和,天地位焉,万物育焉。

我们知道,人的"喜、怒、哀、乐"这些情绪都是从心里发出来的,但是这些情绪还没有发出之前在哪里?其实就在我们的"心"里,也就是"谓之中"的"中"。"心"是什么?一个人的"心"就像一个手电筒,随着他表现出来的喜怒哀乐各种不同的情绪发出不同的光。这个人高兴了,就会从心里发出一道光;他生气了,也会从心里发出一道光……于是,不同的情绪就从"心"这个手电筒里不断地发出不同颜色的光。

人总是喜欢跟着"心"发出的各种光走。比如,有的人遇到

/三/ 不被情绪左右的智慧

生气的事,过去两天了他还气呼呼的;有的人遇到难过的事,就一直处在悲伤的情绪里;还有的人,遇到高兴的事,狂喜了好几天,做梦都还"咯咯咯"地笑出声来……如果我们总是习惯跟着这些光走,就会忘记了还有手电筒般的一颗"心"。

心在哪里,又是什么?想了解心性的秘密,千万不要随着心这个手电筒发出的各种光柱走,要"回光返照",要思考这些情绪到底是从哪里来的,并向着"喜怒哀乐之未发"的地方去看,去追问,找到"心"的秘密。人们参禅时有一句话叫参"话头",什么是"话头"?就是"话"一说出来就成了"尾"。"话头"在哪里,或者是哪里让我们发出了语言,不就是从"喜怒哀乐之未发"的那颗"心"里发出的吗?

一个人一旦随着"喜、怒、哀、乐"这些情绪游走的时候,就丢掉了自我对心性本身的观察,也就丢掉了原有的智慧。如果我们能时时关注自己的心性,不被这些情绪左右,不被眼前看到的、听到的事物干扰,就具有了"返照"自己的能力,也就能够感受到自己的心性,拥有了灵明觉悟的能力。历史上那些了不起的祖师大德,那些真正的修行人,都具有这种智慧和能力,而这种智慧和能力并非生来就有,需要经过常年的自我修行才能达到。

人总是会有无法控制"喜、怒、哀、乐"发出的时候,但要注意不要随着它们走,要随时观照自己的内心,让这些情绪发得有节制,发得恰到好处。一个人如果能在任意一个场合,把"心"里的"喜、怒、哀、乐"该发到什么程度,就能表现到什么程度,这是很了不起的,这就是"和",是"发而皆中节,谓之和"的"和"。比如,下属做错了事,领导批评他。在这个过程中,如果领导者任由自己的情绪暴发,对自己的内心没有观照,暴跳如雷,言语失当,就会失去一个领导者该有的风度。反之,如果领导者能够把握住那个"度",在批评的过程中既让下属感受到了领导者应有的威严,充分认识到自己的问题,又让下属感受到了领导者该有的温度。此时,领导者所表现出来的状态,就是"和",由他所营造出来的团队的氛围,也必然会"和"。

"中也者,天下之大本也",这里的"本",既是天下的大本,也是人生的大本,是事物之"根本"。人类所有的创造都来自心性,它是智慧的源头,是为人之"本"。要把心性里的智慧都发出来,就要时时刻刻把握住自己的心性,而后"和也者,天下之达道也"。这里的"达",就是走到的意思;而"道",是大道。"天下之达道"表示一个领会了大道的人所呈现出来的"和"的状态,或者觉悟了心性的状态,就是圣者的状态。

"中"与"和"连在一起,就是"中和"。一个人做到了"中

/ 三 /　不被情绪左右的智慧

和",领会了"中和",就是找到了明亮的智慧,也就是达到了儒家所说的"知"。当他能够按照"中和"的智慧实践时,他就做到了"行"。有"知",有"行",和合为一,这样的人在任何一个场合都不会被外在的干扰迷惑,不会被自己的情绪左右,这就是"致中和"。

一个"致中和"的人,无论身处何种环境,一定是"天地位焉,万物育焉",他能够使天地万物各得其所、井然有序,达到自然界最和谐的一种状态。

《中庸》的人生感悟

/ 四 /
时刻保持住自己的清醒

仲尼曰:"君子中庸,小人反中庸。君子之中庸也,君子而时中;小人之中庸也,小人而无忌惮也。"

《中庸》在这里借孔子之口,解释了君子与小人对待"中庸"的两种不同态度,就是君子能够做到中庸,小人是反中庸的。君子时时刻刻都能做到中道圆融,小人根本做不到,他们背离了中庸而且肆无忌惮。实际上小人不仅做不到中庸,而且毫无敬畏,什么都敢做。前文已经说过,中庸是指一个人能够自己把握住自己,不被任何外在的"喜、怒、哀、乐"的情绪,以及各种诱惑干扰的状态。所以,"君子中庸"就是指那种时时刻刻都能处在一种觉醒,或者觉悟状态里的人。小人恰恰相反,他们会经常被

四 / 时刻保持住自己的清醒

外在的东西吸引,也根本不懂得把握住自己,更不知道如何时时刻刻活在觉醒的状态里面,这就叫"小人反中庸"。

真正有修为的人,能在自己的每一个念头里,在自己的每一个状态里,都保持着一种清醒,他们总是知道自己在干什么,稍微有一点错误或者产生不好的念头,他们就能马上觉醒。古人说:"不怕念起,只怕觉迟。"一旦有了不好的念头,马上就能反省,这个念头很快也就过去了,这也是《中庸》里所说的"时中"的状态。

小人就不行,他根本不懂得怎么把握住自己,任何一种外在的诱惑都能把他给吸引走,他的智慧就会被蒙蔽而"肆无忌惮"。佛学中有个要求叫"戒定慧","定"才能生"慧",小人根本"定"不下来,就像有人用一杯水去映照天上的月亮,如果他想在这杯水中得到一个轮廓清晰的月亮,就得让杯子里的水平稳,没有任何晃动。一旦这杯水晃动了,水面起了波纹,就很难在这杯水中看到轮廓清晰的月亮。而"没有任何晃动",就是一个人的觉照状态,也就是"定"。

处在这个状态里的人是非常敏锐的,即使有一点不好或者不对的起心动念,他都能马上意识到,而且即刻就改。如果做不到时时刻刻把握住自己,不在一个觉照的状态里,一旦心动了,神也就乱了。比如,一个人特别喜欢钱,每当看到钱眼睛就发光;

或者特别喜欢权力，一旦掌握一点权力，就变得傲慢无礼，颐指气使。这是金钱和权力把他吸引了，他的觉照已经丧失了，他不能自己把握住自己了，这个状态就是"反中庸"。

　　当人的心跟着外在的诱惑走的同时，他的智慧也就丢了，或者他的智慧被外在的诱惑蒙蔽了，会说错话，办傻事。比如，一些特别爱护或者心疼孩子的妈妈，会经常唠叨，这实际是一种爱，一种关心和关怀。如果孩子处在特别清醒的状态里，无论妈妈怎么说自己，他都知道这是妈妈对他的关心和爱护，会觉得很温暖。如果他不耐烦了，生气了，他的觉照就丢了，他的心被暴怒的情绪给带走了，这个时候他就会说出伤害妈妈的话，而绝大多数在此时说出的话，是让他后悔的话。人很清醒的时候，说傻话、办错事的可能性不大。因而要多向君子学习把握住自己的能力，不让自己的内心跟随着外在的事物游走，避免做出事后后悔的举动。

　　"君子中庸，小人反中庸。"是君子时时刻刻都在自己把握自己的状态里，时时刻刻都生活在觉照的状态里。他们知道自己是谁，清楚什么是对的，什么是错的，一旦有了不好的念头马上就能判断出来，并且能很好地把握住自己，这就是中庸应达到的状态。小人没有修炼过这个状态，每当心里起了情绪，马上被情绪控制并随着情绪走了。当被各种情绪左右的时候，也就是智慧被蒙蔽的时候，人就很难做到"莫听穿林打叶声，何妨吟啸且徐行"的豁达。

君子知道"中庸"的这个状态太重要了，所以才会时时刻刻都争取能够处在这样的状态里。他不会让自己成为情绪的奴隶，不会让自己成为外在欲望的奴隶。每当外在的干扰来临，他都会打开觉照，及时将其排除在外，再次进入自我把握的状态，并时时刻刻保持着这种清醒，成为智慧的人。

《中庸》的人生感悟

/ 五 /
把中庸当成做事的北极星

子曰:"中庸其至矣乎!民鲜能久矣!"

  孔子认为,中庸是人类最高的德行、最伟大的智慧,只是老百姓很少能够做到。在这里需要引起我们注意的是,孔子并没说老百姓都做不到,只是说很少有人能够做到。为什么呢?
  要想揭开这个谜底,就得细细剖析"中庸"包含的是何种德行和智慧。我曾在前文中说过,中庸包含两个层面的内容,第一个层面是"行",第二个层面是"知"。"知"是道理,也是"因",就是告诉我们什么样的人才能做到"中",是那些大公无私、内心里清清净净、做事很公道的人。"行"是实践落实下来。怎么落实?就是充分领会中庸蕴含的智慧,时时以"知"为参

/ 五 /　把中庸当成做事的北极星

照,做任何事都恰到好处,没有过和不及,能够把分寸拿捏得特别好。这是一种极大的智慧,普通人自然很难做到。所以,孔子才发出"民鲜能久矣"的感慨。

诚如前文所言,一个人做事之所以"偏",不能做到恰如其分,其根本原因在于他的心灵没有净化。当一个人的心灵充塞了自私、欲望,以及有各种挂碍的时候,他做起事来往往会"偏"。比如,公司的领导要发年终奖了,假如他不自私,为人非常正派,发得就会比较公道;如果领导很自私,他在制定分配方案的时候,就容易倾向他喜欢的人,或者他想照顾的人。

怎么办?一个人晚上走路的时候,为了确保自己不迷路,需要以"北极星"为坐标校正方向。如果我们想在做事的过程当中把分寸拿捏得特别恰当,就需要找到这个过程当中的"北极星",并时时以此为坐标校正自己,让偏离的方向及时回"中",而"中庸"就是我们做事过程当中的"北极星"。无论何时何事,只要以"中庸"为"北极星",就很难走偏,能时时把握住"中"。比如,上了大学以后,我们要参加社会活动竞选学生会的干部,也要认真读书夯实自己的专业基础,这是"中"的。否则拒绝一切社会活动,整天坐在那里死读书,一旦走向社会,也会因为缺少实践能力无法胜任岗位,面对复杂的人际关系更是不知所措,这就是不对的,也是不"中"的。这时候就要以中庸为参照，在学习和参加社会实践活动之中认真权衡，既要踏踏实实地读书，学好安身立命的真本事，也要积极参加社会活动，不断促进自我综合能力的提高。如果做到了这些，人生的这条路也就顺了。

中庸更深刻的一个层次，是一个人怎么才能做到"中"，或者这个人修到了什么程度，才能做事中道圆融。要想搞清楚这个问题，就得想明白一个人做事之所以会偏，不能做到恰如其分的根本原因是什么，无非是他的心灵没有得到净化。如果他的心灵总被各种欲望和各种挂碍干扰，做起事来往往会"偏"，也就很难中道圆融。

中庸的两个层次：一个是"行"的层次，就是把中庸当作北极星，时时来校正自己的行为，任何事都能做到恰到好处、恰如其分。一个是"知"的层次，即"因"的层次，就是什么样的人才能做到"中"，是心灵非常净化，内心非常清净，没有那么多私心杂念的人。这样的人，往往能够处事公道，大公无私。这两个层次，或者两种状态，对我们普通人来讲，都是非常难以做到的，所以孔子才会发出"中庸其至矣乎！民鲜能久矣！"的感慨。中庸这种伟大的智慧和德行，本来就很少能有人达到，哪里还谈得上持久做到！

其实这是《中庸》借孔子之口给我们的启发，无论何时做何

/五/ 把中庸当成做事的北极星

事，一定用"中庸"来校正自己。要力争做一个公道正派的人，做一个内心不那么自私的人，才能在做事的过程中平衡协调好各种力量，得到更多的尊重。

《中庸》的人生感悟

/ 六 /
面对道保持谦卑和尊重

> 子曰:"道之不行也,我知之矣:知者过之,愚者不及也。道之不明也,我知之矣:贤者过之,不肖者不及也。人莫不饮食也,鲜能知味也。"

这是孔子接续上文再次发出的感慨,意思是说中庸这种智慧在现实中很难普及,孔子知道其中的原因,就是"知者过之,愚者不及也"。一个人的智慧如果达不到一个高的境界,做起事来很难恰到好处。孔子接着说:"道之不明也,我知之矣。"这里的"明"就是彰显,使道明,它包含两个层面的内容:一个是践行方面,一个是明理方面。孔子对此都做了描述,即"贤者过之,不肖者不及也"。

为什么说"贤者过之,不肖者不及也"?我先讲一下有关父母和孩子的两种关系：第一种关系，是身份上的关系。父母和孩子身份不一样，对其要求自然也不一样，父母爱护孩子，孩子就会敬重父母，孝顺父母。第二种关系是自性上的。在自性上，父母和孩子是一样的，是平等的。双方在德行和智慧上是平等的，或者在追求成为一个圆满的人，成为一个觉悟的人方面是一样的。所以，父母如果期待孩子敬重自己，首先他们就得"中"，能够尊重爱护孩子。如果孩子在德行和人格上比父母高，父母就得向孩子学习。因为在真理面前人人平等，并不以身份的高低贵贱来区分。

在一个家庭里，如果父母的价值观扭曲，孩子的价值观非常正确，父母却没有及时向孩子学习，以校正自己的价值观，父母和孩子的关系就会扭曲。比如，有的孩子读了圣贤的书以后，内心变得开阔，有一颗利国利民的心。而父母没有这种智慧，也没有向孩子学习，这个家庭的氛围很难能"中"。

当父母要求孩子尽"孝"时，孩子不仅"孝"了，而且"孝"过了。他会拼命地迎合父母，就是为了让父母高兴，即使有些地方父母做得很不合适，他通常也会满足，这就是做"偏"了。孩子与父母，不应是一种迎合与被讨好的关系，而应该是共同学习与互相影响的关系。当一个家庭形成了一种积极向上的学道风气、尊重真理的风气，这个家庭就会一代比一代强。

我们一般人学一样东西，往往只知抓住其中一点，并在这一点上片面强调，不能很圆融地看到各个方面，做起事来也就很难"中"。比如，处理上下级关系，下级理应对上级敬重，接受上级的指导或领导。但是，由于上级对现实不是很了解，或者了解得不够全面，难免会做出一些不太恰当的决策。作为下级，就不能一味迎合讨好，应当通过善巧方便，以合适的方式表达自己对这个问题的看法，让决策更正确，这就做到了中庸的"中"。反之，领导说什么就是什么，甚至带着媚态一味迎合，对上级的任何错误都没有纠正，最后会害了单位，害了领导也害了自己。所以，孔子才说："知者过之，愚者不及也""贤者过之，不肖者不及也"，就是批评那些要么做过了，要么做不到位的人。

"人莫不饮食也，鲜能知味也。"表面来看，孔子是在说人们经常吃饭，可是很少有人能够真正品出饭的味道。实际上，这是孔子通过吃饭这样日常的事情告诉人们，有的人尽管知道很多道理，却很少真正体会出它们的奥秘。比如，很多人天天说中庸之道，究竟中庸之道的内涵是什么，他们并没有深究。

人们都懂得与人为善的道理，也懂得与人为善的重要性，可不是每一个人都能真正落实到自己的行动中。人这一辈子所有的福报和机会，都是在与人为善的过程中积累的，真诚善良地对待我们身边的每个人，设身处地地为别人着想，这才是真正的"与人为善"。如果每个人都能做到这一点，世界上就少了很多杀戮、冲突和矛盾。

《中庸》在这一章节里再次借孔子之口告诫我们，要做到"中庸"的这个"道"，是很不容易的，现实中不是有人做过了，就是有人做得还不够，很难把握住"中"。这就要求我们在生活中，尽可能让自我的内心清净，没有偏见，能够在各种力量中间、各种利益中间力求达到"中"。做到了"中"，更容易让各方的人满意和接受，事业就容易做好，家庭往往也会跟着变好。面对一些大道理时，不要动不动就说我懂了，那是非常浅薄的，要时刻保持一份谦卑和尊重。我们真的明白了一个道理，身心定然体会得到。一旦体会到了它，那就努力把它落实到实际行动中，并持续下去，让自己越来越好。

/七/
学习孔子的精神

子曰:"道其不行矣夫。"

为什么孔子会有这样的感慨?为什么"大道"难以得到落实?因为在孔子的眼里,从尧舜禹时所建立起来的中华民族的一套优秀价值观,已开始遭受破坏。孔子所处的历史时期,正是各个诸侯国称雄称霸的混战时期,每一个诸侯国为了实现自己的野心,达到自己的目的,不顾一切地大肆掠夺,尔虞我诈,没有任何信用可言,这些不良的行为直接波及老百姓。孔子把这样的社会乱象称为"礼崩乐坏",他认为这是人们的"道心"丢了,也就是人们的良知没有了。

孔子说的"礼崩乐坏",其内在是指人"心"烂了,如果人民的"心"烂掉了，由烂掉了"心"的人民构成的社会也不会有希望。一个国家的未来在哪里？孔子认为，它在人们的内心。因为一个人具体怎么做事主要受"心"的指引，如果存乎于内心的宝贵的价值体系被破坏了，这个人的"心"也就烂掉了。

孔子的伟大之处就在于，他勇敢地站出来承担起历史的使命，准备重新建构一个良好的人伦社会，设定了立人伦、振纲常、教化人心的目标。这样的一套价值体系，更像是一个人内在的黏合剂，或者内在的动力，不仅对中华民族的发展十分重要，对整个人类的文明发展同样重要。但是，他想做成这件事是非常不容易的，毕竟生逢那样一个"礼崩乐坏"的乱世，一个小我私欲膨胀的时代。而他所倡导的"道"，又恰恰要求人们不断地克制私心，彰显道心，这注定了他这一路会异常坎坷。孔子没有被现实中的困难吓倒，他周游列国十多年，颠沛流离，几次险些丧了性命，但始终坚定不移、毫不退缩，这也是孔子被世人称为"圣人"的原因之一。

孔子是一位伟大的觉悟者。他知道自己的使命，也清楚自己身处怎样的时代，明白当时的社会以及人类未来的发展需要什么。他该做什么，做这件事时会遇到什么样的问题和麻烦，他都了然于胸，却毅然决然地去做。无论何时，身处什么境地，他都能把握自己的人生，决定自己的命运，完成和实现自己的人生使命。

当然,生活在那样的社会环境,注定一个人无法扭转混乱的时局,但是他"求仁得仁",在他周游列国的过程中,为人类的历史留下了文明的火种。只是这个过程对于他个人来说太过艰辛,尽管他自己表示从不后悔,但难免也会心生感慨——道其不行矣夫。时间走到了二十一世纪,我们有责任接过这文明的火种,一代接一代薪火相传。只有这样,人类的文明才能越来越光亮,人类社会才能越来越美好。

曾子说:"士不可以不弘毅,任重而道远。"我们在孔子的身上,既看到了代表中华民族的精神,还看到了人类文明得以延续发展的最核心价值,他身上所凝聚的这一套价值体系,是人类文明的火种,值得我们永远守护。他作为一个伟大的思想家,永远值得我们尊重。

/ 八 /
隐恶才能更好地扬善

> 子曰:"舜其大知也与!舜好问而好察迩言,隐恶而扬善,执其两端,用其中于民,其斯以为舜乎!"

想从孔子的这段话中领会到什么样的智慧,就要具体分析他说了些什么。首先,他明确指出舜是有大智慧的人,即"舜其大知也与!"接着,他分析了这么说的原因,"舜好问而好察迩言",就是舜这样一位领导者或者圣王,是特别喜欢向人请教的。"好问"是一种非常好的品质,它体现了一个人的德行。特别喜欢向别人请教的人,往往心胸博大,而且谦卑,这也是孔子特别欣赏舜的地方。因为孔子本身也有这个特点,他常常对人说"三人行,必有我师焉"。

在孔子的眼中，舜不仅特别喜欢向人请教，还"好察迩言"。当别人跟他说话的时候，他能够把别人话语里有用的信息提取出来进行辨别，敏锐地捕捉到别人话里的偏差和是非。

除了"好问而好察迩言"，舜还有一种智慧，让孔子更为津津乐道，那就是"隐恶而扬善"。舜在做事的时候，不会说那些他看到的不好的事情，而会极力传播他所看到的那些美好动人的事情。在孔子看来，这是舜作为一个伟大的领导者和圣王所拥有的更大智慧。

关于这一点，有一个传说。舜发现部落里有很多争强好胜的年轻捕鱼者很霸道，霸占了那些特别容易捕到鱼的地方，让瘦弱可怜的老人到水流湍急特别不容易捕捞的地方捕鱼。同时舜还发现，也有一些非常善良敦厚的青年，把一些容易捕到鱼的位置留给那些老人，他们自己则到那些不容易捕到鱼的地方去捕鱼。

舜看到这个情况以后，做了两件事：第一，他亲自到河边捕鱼。他模仿那些善良的年轻捕鱼者的做法，也把那些位置最好的、鱼最多的、最容易捕捞的地方让给贫弱之人，自己则到水流湍急的地方捕鱼，这是舜的率先垂范。第二，他回到部落里，到处向别人宣讲那些敦厚善良的年轻捕鱼者的做法，使得这些年轻人的善举善行广为传播，却绝口不提那些很霸道的、很自私的年轻捕捞者的恶行。

/八/ 隐恶才能更好地扬善

舜的这两项举措，产生了良好的社会效应，很多年轻人开始争相给老人让出好地方，帮助贫弱的人，形成了一股尊老、敬老、帮助弱者的良好的社会风气。

"隐恶扬善"是舜治理国家的智慧。总是宣讲那些恶行，往往在无意之中传播了恶。反之，多去宣传那些好的事例，会让更多的人从善举中汲取正义的力量，汲取善良的力量，社会风气也会越来越好。这是今天的媒体应该向舜学习的地方，要多报道善良的、正义的、积极的事例，让老百姓知道什么样的人值得尊重，什么样的人值得学习，以此引领和校正不良的社会风气，产生良好的社会导向。

面对各种矛盾和冲突，舜会"执其两端，用其中于民"。舜在做事的过程中，有能够不偏不倚把各种力量都维持在中道的大智慧。一方面，他让有能力的人脱颖而出，人尽其才。另一方面，他让那些能力差一点的、贫苦的弱者得到尊重和保护，能够"用中于民"。舜"执其两端，用其中于民"的智慧，使得整个社会呈现出一派欣欣向荣的景象。

《易经》有个"中正"的思想，要求人在做事的过程中，能够时时刻刻做到"中"，做到了"中"，事业往往和谐有成；如果出现问题，基本上是这个人不"中"了。我们中国有一个汉字"忠"，是"忠心耿耿"的"忠"，也是"忠诚"的"忠"。它其实有多层意思，其中一层意义，就是要求我们在思考任何问题的时候，都要把"心"摆在中间。这个字的构字方式也特别有意思，其上一个"中"，其下一个"心"，喻示着当人把"心"摆在中间了，思考问题才会"中"，做事才会公道正派，才会"执其两端，用中于民"。

舜好问的美好品德，虚心向别人请教的谦卑，不偏激、不盲从的笃定，以及隐恶扬善的智慧，值得我们学习借鉴，这也是孔子讲述这个故事的良苦用心和意义。

/九/ 避开人性的陷阱

/九/
避开人性的陷阱

子曰:"人皆曰予知,驱而纳诸罟擭陷阱之中,而莫之知辟也。人皆曰予知,择乎中庸而不能期月守也。"

在孔子看来,很多人总认为自己很聪明,明白很多道理。结果不是被诱惑,就是被驱逐到陷阱之中,身处生死的危险之中而不知躲避。还有很多人以为自己很聪明,可他们实践中庸的智慧,连一个月都坚持不了。这是孔子对当时社会现状的一个感慨,有其非常深刻的思考。实际上我们很多人身处陷阱之中却不自知,这个陷阱是欲望的陷阱,是贪得无厌的陷阱,也是名利的陷阱。孔子认为这样的人很可怜,他们常常以为自己很聪明,却不知自己已经做了欲望的奴隶。

所以，他才感慨"驱而纳诸罟擭陷阱之中，而莫之知辟也"。他想就此警告人们，很多人的聪明是自以为是的聪明，不是真正的聪明。他们整天为了追逐自己的欲望，达到满足自己贪欲的目的，做出违背良知的事，僭越了法律的底线和人伦的底线。明明已经大祸临头了，却不知道躲避，还一步一步将自己置身于法律罩起的巨网之下、牢笼之中。

还有很多自以为聪明的人，遇到真正的好东西不懂得珍惜。比如，我们从小被教育要"德才兼备"，可是真正能把这四个字当作自己的座右铭，严格按照"德才兼备"的标准约束自己的人少之又少，即使有人偶尔能够做到，也很难一以贯之地持续下去。上学的时候，家长和老师经常告诉我们，青春年华一定要好好珍惜，人这一辈子有很多路要走，但最关键的那几步一定要走好。这个道理每个人从小都听说过无数次，也懂得蕴含其中的深刻意义，可是真的把青春时光看得无比宝贵，争取把每一天都利用好，充实自己、发展自己的人并不多。

还有一些人，只有嘴皮上的一点功夫，把听来的很多好的道理当成写作素材，没有发自内心地认同它们，更没有落实到自己的实际行动中，这不是真正的聪明。真正聪明的、有智慧的人，是那些把掌握的知识、道理落实下来，改变自己命运的人。

希望我们这一辈子，都能时时地反省自己，不要将自己置于

/ 九 / 避开人性的陷阱

"罟擭陷阱"之中。如果已经身处"罟擭陷阱",那就及时醒悟,尽早离开,千万不能等到大难临头,局面已经难以挽回,再去反省自己的问题,恐怕为时晚矣。当别人给我们讲述一个好的道理时,我们一定要认认真真地听,并认认真真地去做,人生的道路才有可能越来越开阔。

/ 十 /
改变自己才能改变命运

> 子曰："回之为人也，择乎中庸，得一善，则拳拳服膺而弗失之矣。"

这是《中庸》借孔子之口再次为人们树立的一个榜样。在孔子的眼中，颜回是一个了不起的人，他能够深刻领会孔子讲述的道理，掌握其精神内核，并融会贯通地实践，一以贯之地持续下去。实际上这是孔子通过对颜回的欣赏和赞美，给人们的启示：对待真理，对待对自己非常有帮助的智慧，要像颜回一样"择乎中庸，得一善，拳拳服膺而弗失之矣"。

现实生活中，我们很多人很难像颜回那样深入内心地认同一个道理，领会理解其精神实质，更是无法做到一以贯之地持续下

/ 十 /　改变自己才能改变命运

去。还有一部分人，在实践的过程中，过分注重"嘴皮子"上的功夫，常常是嘴上一套做事一套，热衷于做些表面文章。这样的人，即使在现实生活中取得一点成绩，往往也是一时的机缘巧合，很难持续下去，得不到人们的尊重和认可。这也是很多人读了很多书，拥有很高的学历，却无法改变命运的一个原因。他们对于那些对自我成长有帮助的道理，不能深刻领会其中所含深意，无法发自内心认同，更没有在生活中实践它们，落实它们。

有一次，我去一家企业讲《论语》。课后，这家企业的总经理质疑我，用一天的时间才讲了《论语》中的几句话，是不是讲得太少了。我并没有直接回答他的问题，而是反过来向他抛出了几个问题：第一，《论语》里有"见利思义"，就是无论何时追求任何利益，一定要符合道义，实际上有些不符合道义的生意，通常获利很大，作为企业家，他是否做到了孔子口中的"不义而富且贵，于我如浮云"。第二，孔子提倡"仁者爱人"，作为企业的领头人，他是否发自内心地把每一个员工都当成自己的亲人，把每一个客户都当成自己的亲人。

这位企业家听我说完，非常诚恳地回答，他有的做到了，有的没做到。事后我告诉他，只要企业真正做到了《论语》中的任何一条，企业的命运就改变了。孔子说"君子务本"，我们是否真正理解了这四个字的真实含义，掌握了其背后蕴含的深刻道

037

理？表面看来，"君子务本"是在告诫人们，做事时一定要学会抓住事物的根本，找到其中的关键，其实是要求人们做好本分。如果一家企业上至董事长，下至普通员工，每个人都能老老实实地做好本分，守住道德的底线，绝对不生产假冒伪劣产品，绝对不做违背良心之事，不仅对客户负责，还勇于承担起社会责任，这样的企业，通常能够得到社会的认同，获得持续的、长久的发展。

我用一天的时间为那家企业剖析了《论语》中的几句话，除了希望他们能够充分领会其中蕴含的道理，其实还有一层用意，就是希望他们，也包括今天读到此书的你们，能够把这些美好的道理内化成自己的品德，当成做事时的行为准则，落实到实际的行动中。

改变自己，才能改变命运，这也是孔子为我们树立颜回这个典范和榜样的意义。

/十一/
赴汤蹈火不是中庸

> 子曰:"天下国家可均也,爵禄可辞也,白刃可蹈也,中庸不可能也。"

孔子采用对比的方式,对中庸的境界之高深做出了一个形象的描述。他说天下国家是可以治理的,高官厚禄是可以放弃的,甚至面临生死的考验,也可以将其置之度外毫不放在心上,可要想真正做到中庸,达到中庸要求的境界,却是不太容易的。

中庸真的那么难吗?我在序言中就曾指出,中庸包含了两个层次:一是要求我们做任何事都能够从容中道,总是能把握住"中";二是时刻保持住心里非常清净的状态,才能面临危险波澜不惊,面对诱惑不为所动,面对挑战善作权衡……而这是普通人非常不容易做到的。孔子捕捉到了这一现象，才发出了这样的一番议论。

实际上在某些特定状态下，哪怕一个普通的平凡人，也会有从内心深处迸发出浩然之气、做出令人赞赏的伟大举动的可能。比如，面临国家大义可以赴死的从容，面对高官厚禄不为所动的坚定等。只是普通人不能时刻保持住这种状态，没有将这些行为内化为一种内在品德，不能"莫见乎隐，莫显乎微"，没有在日常生活中自然而然地展现。要将这些高尚的行为演变成一个人的常态，就要时时刻刻保持着内心的清净，这才是极难做到的。

这也是孔子通过这段话给人们的启示：不能仅看一个人一时冲动之下做出的一个善举，就认定他是一个有修为的人，而要看他能否经受得起每一个考验，时刻保持内心的清净。一般而言，人们在特定场合下做出的那些善意的举动、大义凛然的义举，或许是所处状态下不得已的冲动行为，抑或是人性光辉的偶然迸发，这个状态和表现是不稳定的，是稍纵即逝的，这与中庸要求的境界有着很大的差距。比如，有些人在一些特定的场合处事非常周到，也能在一些大是大非面前保持一定的清醒，做出一些令人意想不到的义举。但是，他们在孝敬父母方面，对待自己婚姻中的伴侣，以及对待工作中的同事，并不是那么经得起检验。这样的人"中庸不可能也"。

/十一/ 赴汤蹈火不是中庸

"天下国家可均也,爵禄可辞也,白刃可蹈也,中庸不可能也。"这是孔子给人们的提醒,一个人在某个特定时刻,能够守住道德的底线,表现出大丈夫应有的壮举和行为,纵然能够让人肃然起敬,但做到这一点其实不难。难能可贵的是,一个人能够时时刻刻把握住自己,时时刻刻保持内心的清净,抵御住外在的一切诱惑和干扰。这样的人,是值得我们每个人学习和敬仰的;这样的境界,是我们每一个人孜孜以求的。

/十二/
强大的几个层面

> 子路问强。子曰:"南方之强与？北方之强与？抑而强与？宽柔以教，不报无道，南方之强也，君子居之。衽金革，死而不厌，北方之强也，而强者居之。故君子和而不流，强哉矫！中立而不倚，强哉矫！国有道，不变塞焉，强哉矫！国无道，至死不变，强哉矫！"

这段话是说，子路问孔子什么才是真正的强。孔子连续几个反问：你问的是南方的强，还是北方的强，或者你认为的强是什么。接着，孔子就什么是强展开了详细论述，他说："宽柔以教，不报无道，南方之强也。"意思是南方的强注重人文教化，面对粗鲁之人对自己的无礼和冒犯，以及做出的其他一些较为恶劣的行为，不主张进行直接打压，而是用宽容的姿态对待他们，教化

/十二/ 强大的几个层面

他们。北方的强不是这样的,他说:"衽金革,死而不厌,北方之强也,而强者居之。"意思是北方人睡觉时都把兵器放在身边,甚至枕在自己的枕头下边。一旦战事爆发,他们能够一马当先,死而无憾。这样的人,是刚强的人,这是北方的强。

孔子认为,南方的强因为注重人文的教化显得有些柔弱,不能维护社会的公正;北方的强又过于勇猛,缺乏柔和之风,所以南北方的强各有自身的弱点和不足。两相对比后,他才引出自己眼里真正的"强"应该是什么状态,是"故君子和而不流"。

什么是"和而不流"?中国传统文化认为,面对一个多元的世界,即使有人与自己的主张不一样,观点不一样,也不要马上批评他,要"和而不流"。在现实生活中,很多人一遇到批评,听到和自己不一致的意见,马上表现出两种状态:第一种是直接反驳人家,第二种是替自己辩护。这两种方式都会让人变得越来越狭隘,看不到自身的问题,也就无法获得自我的成长。

应该怎么做呢?不要急着给自己辩护,也不用一上来就驳斥别人。首先要思考别人说的有没有道理,批评自己的人是站在哪些角度看问题的,他们说出的这些观点和意见为什么会和自己的不同,是不是自己的做法确实有问题,等等。要"和而不流",这里的"和"可以理解为学习对方形成观点和意见的原因,从而深化自己对同一问题的看法。学完以后也不能直接照搬、模仿,要结合自己的智慧做理性客观的判断，个人状态就会在这一过程中得到升华。这样一种使自己不断变强的"强"，才是孔子认为的真正的强，是任何时候看待任何问题都能保持着"中立而不倚，强哉矫"的中道。比如，一个人成立家庭以后，不仅要建设好自己的"小家"，关心妻子儿女，也要经常关心父母，尽到孝道，这是"中"；同时作为个人，既能注意个人小利益，也能兼顾对国家和社会的大义，这是"中"。

在孔子看来，一个人无论身处何种境地，都能坚持自己的初心，是非常强大的，即"国有道，不变塞焉，强哉矫！国无道，至死不变，强哉矫！"一般而言，当一个人身处政治清明的社会环境之下，他的个人发展会特别顺畅。当他的个人发展非常顺利时，他就很容易放任自己、放弃理想，这时候他所表现出来的强，就不是真正的强，而是"变塞"。相反，有一些人在政治不清明的时候，即使面对重大压力，仍然能够坚持自己的理想，甚至在面对生死的考验时，仍然能够坚持心中的正道，这样的人才是真正的勇敢和刚强，是真正的强大。

事实上，想要做到孔子说的这几条都特别不容易。无论"和而不流"，还是"中立而不倚"，都要求我们做任何事，面对各种力量和矛盾时，能把握中道而不偏颇。不管是国家政治清明，个人发展机会特别好时，还是社会环境不好，面临考验和压力，个

/十二/ 强大的几个层面

人发展受到阻碍时，都能坚持初心，清醒地知道自己应该坚持什么，为了什么。这是孔子认为的真正的强，是常人非常难以做到的，值得每一个人学习。

/十三/
成圣成贤最大的障碍

子曰:"素隐行怪,后世有述焉,吾弗为之矣。君子遵道而行,半途而废,吾弗能已矣。君子依乎中庸,遁世不见知而不悔,唯圣者能之。"

孔子在这里批判了当时社会上流行的两种现象:第一种,就是"素隐行怪,后世有述焉"。有些人为了吸引别人的注意力,故意说一些博人眼球的话,做出欺世盗名的行为,还希望后世能有人记住他们。这种人实际上是有着强烈"我执"意念的人,特别喜欢出风头,说一些标新立异的话,就像当今一些媒体,为了引起人们的关注,制造噱头,做"标题党",给新闻取与内文不太相符的标题,或者专门报道一些对社会的公共秩序和公共利益有所损害的内容,这是特别不应该的,也是孔子所不齿的。"吾

十三　成圣成贤最大的障碍

弗为之矣"，就是我才不屑于做这样的事。除此以外，还有一种现象，也是孔子认为值得人们警惕的，"君子遵道而行，半途而废"。有一些人也能遵道而行，做出合乎大道的行为，但他们不能坚持，做了一段时间以后就半途而废，这也是孔子所不能欣赏的行为。

孟子曰："有为者，辟若掘井，掘井九仞而不及泉，犹为弃井也。"要想打成一口真正的井，就要找到一个点，持续地深挖下去，直到打出水来。如果在这一点上打下去几米发现没水，马上换另一个地方，再打了几米发现没水，又换了一个点……如此反复不能深入挖掘，是不可能挖出水来，打出一口真正的井的。在我们生活中，有很多这样的人，一谈理想慷慨激昂，真正为理想努力一段时间，就开始左右摇摆，不能坚持，很多弱点也跟着暴露出来，以致半途而废，难以成事。

"君子依乎中庸，遁世不见知而不悔"，这是孔子欣赏的一种人，是真正的君子，他们不仅做到了中庸，使自己的内心境界达到清清净净的状态，而且能够始终坚持无论做什么事，都能符合中庸的要求和原则，即使一辈子都没有人知道他们是谁，他们也能保持内心清净不后悔。"唯圣者能之"，孔子认为这是普通人难以做到的，而真正做到了这一点的人，就是圣人。

有句话说得好，"一个人做点好事并不难，难的是一辈子做好事，不做坏事"。一个能保证自己一辈子只做好事的人，是心性已经如一的人，这样的人呈现在世人面前的状态，就是孔子口中的圣贤者的状态。人这一辈子如果能够在一点上集中精力做下去，多半都能干出一番事业。总有人问我成功的秘诀是什么，无非是一个人在自己最喜欢做的事上，或者擅长做的事上，找到一个切入点，并且在这个点上专注地、持续地做下去。一点点地练习，一点点地累积，当所有的练习都变成经验，所有的累积都变成了成就，并到达了一定的程度时，这个人就会在这个点上破壳而出，被世人看到并且记住。如果他能在这件事上坚持一辈子，就有很大可能成为这个行业里的行家里手，获得人们的尊重和认可。

很多时候，我们太急于得到社会的认可，让本该清清净净的心境被干扰，无法按照中庸的原则把握住自己，也就难以做到不偏不倚。"君子依乎中庸，遁世不见知而不悔"，就是要求一个人，哪怕一辈子没有人知道他，也没有人了解他，他仍然能够按照中庸的要求做事，一点都不后悔。实际上，做到这一点的人已经把人性里的自私、小我去掉了，也就到达了中庸的状态、圣贤的境界。

如果人心里充满了自私和小我，做什么事都希望博得别人的鲜花和掌声，博得别人对自己的称赞，有个好名声，或者能够获

/十三/ 成圣成贤最大的障碍

得丰厚的利益。只有真正去掉了自私和小我的人，才能保持住内心的清净，在任何场合，以任何身份，只做他该做的事，不为求名，也不逐利。哪怕在最平凡的岗位上，也能本本分分、兢兢业业，给别人以方便。尽管没有几个人知道他的名字，他仍然能坚持守护着自己内心的清净。

王阳明认为，"私"是一个人不能成为圣人的一大障碍。任何人想要从凡夫成为圣贤，就要去掉自我人性中的"私"，去掉"私"，也就是去掉了"我执"；没有了"我执"，也就破掉了罩在人心灵上的障碍和网。心灵上没有了障碍和网的人，才能灵光独耀，到达圣贤的境界。

/十四/
细微之处见道行

> 君子之道费而隐。夫妇之愚，可以与知焉，及其至也，虽圣人亦有所不知焉。夫妇之不肖，可以能行焉，及其至也，虽圣人亦有所不能焉。天地之大也，人犹有所憾。故君子语大，天下莫能载焉；语小，天下莫能破焉。《诗》云："鸢飞戾天，鱼跃于渊。"言其上下察也。君子之道，造端乎夫妇，及其至也，察乎天地。

《中庸》这一章节为我们阐述的道理是君子所行之道。它既广大又很细微，即使普通百姓之家的男男女女，没有多高的社会地位，也不见得有多大的智慧，也"可以与知焉"，懂得一些大道理。但要想把"道"最精微、最高妙的地方理解透彻并非易事，即使世间那些被称为圣贤的人，恐怕也有遗憾的地方，也有不能体证的地方。

/十四/ 细微之处见道行

实际上，修为不是那么高明的普通人，时常会做出符合"道"的行为，行"君子之道"。比如，在一些偏远的农村，一些没有读过书的普通人，也知道孝敬父母，待人真诚，知道欺骗别人是不对的。一旦说了谎话或者骗了别人，也会心里不安，这就是"夫妇之不肖，可以能行焉"，可他们未必懂得真正的"君子之道"，毕竟即使圣人也有参不透的精妙之处。

尽管有些人已经修成圣贤，可是圣贤与圣贤之间也有层次之间的差别。在"道"的最高妙处，在当下每一个极其精微的细节里，未必所有的圣贤者都能做到符合大道之要求。人没有不犯错的，但是"过则勿惮改"，这是孔子很真诚地观察自己之后得到的一个启示，在另外一个层面佐证了"圣人亦有所不能焉"。人一定要勇于承认错误，并且积极改正过来。

"天地之大也，人犹有所憾。"我们总是以为，我们生活的空间很大，但它和整个宇宙相比，也不过沧海一粟，是有局限和遗憾的。"故君子语大，天下莫能载焉。"君子说的大，并不局限于我们看到的宇宙和天地，而是在我们看不到的地方仍然有道。与之相对应的是"语小，天下莫能破焉"，君子所讲的"小"，比我们眼睛所看到的"小"还要小得多，是非常精微的一种状态，也是圣人一时无法参悟到的。

"鸢飞戾天，鱼跃于渊"，这是引用《诗经·大雅·旱麓》里的诗句，意思是君子追求的道，无论上下，无论左右，无所不包，无所不纳，并且应用广泛。它"造端乎夫妇，及其至也，察乎天地"，既行于老百姓的日常生活之间，也游走于圣者贤人高深精妙的境界中。

一杯水、一束花、一本书、一张桌子，哪个地方没有"道"，哪一处不能体现宇宙规则？"道"就在宇宙万物的每一个细节里。民间流行一句谚语，叫"冬吃萝卜夏吃姜"，这句普通到不能再普通的谚语，也深藏有"道"，这是要求我们每个人的身体要和宇宙的规律保持和谐统一。比如，冬天很冷时，人体内的阳气会被紧紧地收住，要想让身体感受到暖，就得借助"萝卜"一类具有良好的发散功用的食物，把聚集在我们身体里的能量发散出来。身体平衡了，也就健康了。反之，夏天天气炎热，我们身体里的能量散于体外，脾胃内脏就会变得虚弱，而多吃"姜"一类的温补性食物，可以弥补身体能量的散失，从而达到身体的平衡和健康。

《中庸》通过这一章节的描述，指出了"道"的博大与精深。它既体现在老百姓平凡的日常生活间，也存乎于圣贤追求的高深精微中。但是，对于普通人来说，想要追求"道"的精妙和博大，是非常难以实现的，即使那些已经被称作圣贤的人，也不见得完全能领悟到。要想真正领会它，需要不断净化自己，超越自己，这是一个需要不断完善的永续过程。

/十五/

真正的智慧不离生活

子曰:"道不远人。人之为道而远人,不可以为道。《诗》云:'伐柯伐柯,其则不远。'执柯以伐柯,睨而视之,犹以为远。故君子以人治人,改而止。忠恕违道不远,施诸己而不愿,亦勿施于人。君子之道四,丘未能一焉:所求乎子以事父,未能也;所求乎臣以事君,未能也;所求乎弟以事兄,未能也;所求乎朋友先施之,未能也。庸德之行,庸言之谨,有所不足,不敢不勉,有余不敢尽。言顾行,行顾言,君子胡不慥慥尔?"

"道不远人。人之为道而远人,不可以为道。"孔子认为,真正的大道,或者真正的大智慧,就在我们的身边,体现在日常生活的方方面面。如果有人说的"道"和实际生活没有多少关系,他所谈论的"道",也就不是真正的"道"了。

实际上一切文化的最大价值就在于它的功用,就是让人幸福，让人智慧，让人觉悟，并且让人过得好。比如，要传播传统文化、普及科学知识、宣扬处世哲学等，不管讲什么，要讲老百姓最喜欢听，并且对他们有用的话。如果听了以后，他们马上会分析问题，处理事情，让自己生活得更好，让自己的事业更兴旺发达，这就是"道不远人"。如果宣讲的内容跟老百姓的生活没什么关系，他们听不懂，无法应用到自己的生活当中，也没有从中汲取到成长的智慧，这样的内容，无论讲得多么动听也没有用，失去了文化应有的价值，也就不能称之为"道"。

有了"道"，懂得了做事的规则，就得依照"道"的要求去做。否则，一件事做完，自以为处理得不错，一旦按照事物发展的规则要求审视它，就会发现其中有很多漏洞需要我们去弥补和完善。因此，孔子引用《诗经·豳风·伐柯》的诗句敲打我们说："伐柯伐柯，其则不远。"其后补充说："执柯以伐柯，睨而视之，犹以为远。"一个人要用一根木头做斧柄，大致看来这根木头是符合做成斧柄的要求的。当他闭上一只眼睛用更高的标准和要求再去审视它，就会发现还有很多不符合要求的地方，与这个人手中握着的斧柄仍有很大差距，只好继续削伐它，完善它。

"故君子以人治人，改而止。"在孔子看来，好的管理，或者好的教育，应该"以人治人"，就是按照真正人的标准要求别人，改变别人，直到他符合标准。人们总说"要好好做人"，到底什么是"做人"？其实就是要求一个人按照人该有的标准好好做事。这意味着我们日常的很多行为，还不符合一个真正的人该有的状态，那就要把不符合"人"的行为改掉。改掉了这些缺点，我们的想法和做法才会更符合堂堂正正的大写的人该有的样子。

"忠恕违道不远，施诸己而不愿，亦勿施于人。"如果一个人能够做到忠和恕，他离"大道"就很近了。孔子在这里提出了"忠恕"的概念，并进一步做出解析："施诸己而不愿，亦勿施于人"，就是一件事自己不愿意干，也不要让别人干；自己不愿意承受，也不要让别人去承受；假如自己不喜欢被人伤害，也请不要伤害别人。

"君子之道四，丘未能一焉。"孔子说，要想成为君子，需要达到四个方面的要求，我连一个方面都没有做好。孔子作为后世人们眼中的圣人，怎么可能一个方面都没有做到，这是因为他对自我有更高的追求，对自己有更为严格的要求，这也从另外一个角度说明了孔子追求圣贤之道的真诚与谦卑。

那么，孔子口中所说的"君子之道四"，是哪四个方面？第一，"所求乎子以事父，未能也"，就是说我要求孩子怎么对我，我就得怎么对我的父母，这个我没做到。第二，"所求乎臣以事君，未能也"，我不能忠于自己的君主，又怎么要求别人忠于我。比如，作为一个中层领导者，希望自己的下属怎么对待自己，他就该怎么对待自己的上级。第三,"所求乎弟以事兄,未能也",作为弟弟理应尊敬哥哥,我没有做到。同理,如果希望弟弟尊敬自己,自己就应该尊敬哥哥。第四,"所求乎朋友,先施之,未能也",作为朋友应该真诚守信,我没能做到。每个人都希望朋友不欺骗自己,能在困难时热忱地帮助自己,自己也得这样去做才行。

"庸德之行,庸言之谨,有所不足,不敢不勉,有余不敢尽。"人们一旦对照中庸所要求的境界,对照中道圆融的标准观察自己的行为,审视自己说过的话,常常会发现还有很多事情都没有做到,或者没有做到位。所以,我们每天都应该深刻反省自己,不断按照中庸的标准严格要求自己,才能不断提高自己的修为,做到中道圆融。

"言顾行,行顾言,君子胡不慥慥尔?"在日常生活中,既要"言顾行",不能说空话,也要"行顾言",做任何事都不能违背自己的承诺。说话做事一定要严谨,知行一定要统一,做一个表里如一的人。我们承诺了什么,就要做到什么,无论做什么事,都要坚持不忘初心。尤其那些志在追求做君子的人,每一天都应该谨慎,严格要求自己,不断地反省自己。努力地坚持下去,终能实现中庸所要求的中道圆融,成为世人眼中受人尊敬的君子。

/十六/ 成就自我的方法

　　君子素其位而行,不愿乎其外。素富贵,行乎富贵;素贫贱,行乎贫贱;素夷狄,行乎夷狄;素患难,行乎患难。君子无入而不自得焉。在上位,不陵下;在下位,不援上。正己而不求于人,则无怨。上不怨天,下不尤人。

　　故君子居易以俟命,小人行险以徼幸。子曰:"射有似乎君子,失诸正鹄,反求诸其身。"

　　"君子素其位而行,不愿乎其外。"意思是君子要安于本分,不患得患失,不得陇望蜀。换言之,一个真正的君子,不论身处何种职位,都应老老实实、本本分分地做自己该做的事,不被世俗的功名利禄扰动心境。实际上从净化自己、超越自己、不断追求自己人性升华的角度来看,保安、清洁工、大学老师等,只是分工不一样，其背后都是人们修炼自己、不断净化自己的一个道场。真正的君子懂得这个道理，他们安心做自己该做的事，经得起外在的任何诱惑。

"素富贵，行乎富贵"，实际上这是《中庸》对"君子素其位"的一个举例，就是说如果我有钱，就要有有钱人该有的样子。那么，有钱人该是什么样子？在中国古代社会偏远的村落或者世家族群，其秩序的维持不像今天这样依赖于国家行政管理机关，要靠那些地位比较高的有钱又有德的"员外"或族长。这些人家资丰厚，道德修为也会很高。比如，他们置办私塾，不仅让自己的孩子上学，也让穷人家的孩子一起上学；谁家老人去世了，没有钱买棺材，他们会出钱资助；谁家有人生病了，没钱看病，他们会拿一点钱让人家治病；等等。其实，在中国近代也有一些类似的企业家，比如邵逸夫先生，就曾耗资上百亿的资产盖教学楼，为中国的教育发展做出了突出贡献，这样的人就是"素富贵，行乎富贵"。

"素其位而行"，什么身份的人，就应该做出这个身份该有的样子。"素贫贱，行乎贫贱"，假如我很穷，没有关系，那就通过自己的努力，改变自己的命运。只要活得有志气，有人格，再穷也能得到别人的尊重。"素夷狄"，那就"行乎夷狄"，既然身处中原以外的少数民族部落，就活出少数民族该有的样子。

十六　成就自我的方法

"素患难，行乎患难。"如果正处在倒霉或者苦难之中，不要怨天尤人，抱怨这个，抱怨那个。"天行健，君子以自强不息"，越在这样的关头，越应该有一股浩然正气、拼搏向上的精神。同时认真分析自己为什么遇到这样的困难，是什么导致的，再思考怎么才能解决，这才是君子应有的处世态度。"君子无入而不自得焉"，君子无论身处什么样的位置，都能坦然自若，都能在这个位置上安下心来，随遇而安。

"在上位，不陵下"，即使身处高位，也绝对不欺负别人，看不起别人。相反，还要坚持做到地位越高，待人越谦和；越有钱，对别人越恭敬。"在下位"，也能做到"不援上"，作为一个普通的老百姓，即使没有多高的社会地位，也不会奴颜婢膝丧失人格。

"正己而不求于人，则无怨。"不管在什么时候，遇到什么问题，一定要多从自身出发，多找自己的原因，不断地反思自己，完善自己，就会减少很多怨气，增加很多解决问题的智慧，让遇到的问题得以最快最好地解决。"上不怨天，下不尤人。"既不要抱怨环境，也不要抱怨别人，要"内求诸己"，找自己的原因。此时，这个人呈现出来的状态，就是君子所秉持的"无怨"。

"故君子居易以俟命，小人行险以侥幸。"真正的君子遇到考验，面对随时都在变化的环境，都能安下心来，踏踏实实地反思自己，认认真真地做事。其实君子的命运，在"居易以俟命"的过程中，不知不觉地被改变了。相反，小人就不是这样了，他们根本不懂得踏踏实实地反省自己，认认真真地做事。一旦遇到考验，就开始怨天尤人，准备走捷径，甚至触犯道德和法律的底线。

孔子说："射有似乎君子，失诸正鹄，反求诸其身。"这是孔子对于处世的一个比喻，意思就是君子的为人处世就像射箭，一旦没有射中靶心，马上反省自己，究竟是自己的射箭技术不够，还是训练的时间不够。很多时候，外在的环境并不是我们能决定的，这没什么可抱怨的，真希望自己生活的环境变得越来越好，就要先从自身出发做出积极的改变，社会的发展需要我们每个人的共同努力。

一个人遇到任何事，如果能够认认真真地"反求诸己"，思考自己哪里出了问题，然后不断地净化自己，提升自己，智慧和能力就会越来越高。反过来，一旦遇到困难就怨天尤人，把责任推给外部环境，不懂得通过提高自己，让自己变得越来越好的人，也是很难有进步的。

/十七/ 修行修细节

> 君子之道，辟如行远必自迩，辟如登高必自卑。《诗》曰："妻子好合，如鼓瑟琴。兄弟既翕，和乐且耽。宜尔室家，乐尔妻帑。"子曰："父母其顺矣乎！"

"君子之道，辟如行远必自迩，辟如登高必自卑。"就是说实行中庸这种大智慧很像一个人走路，无论走多远，都得从脚下开始；也像登山，无论多高的山，也都得从山脚下一点一点地开始。《中庸》借这个比喻告诉人们，一个人不管修行到多高的境界，都是从身边的日常生活开始的。比如，怎么对待自己的父母和家人，怎么对待自己的朋友，怎么对待工作中的同事，等等。

日常生活才是人们修行的起点，也是人们不断反省自己、升华自己的道场。不论我们想追求多高的境界，都得从当下开始，从日常生活开始。而在日常生活中,最主要的生活场景就是家庭。《中庸》引用《诗经》中的诗句"妻子好合,如鼓瑟琴"解析:一个家庭很和睦,夫妻之间就像瑟琴一样非常和谐美好。

古代的家庭,一般是指一个家族。家庭中所涉及的关系,不仅仅局限于夫妻,还包括兄弟。所以,一个家庭的和睦不仅在于处理好与妻子儿女的关系,还要处理好兄弟之间的关系,即"兄弟既翕",就是兄弟之间要互相配合,互相尊重。而后才能"宜尔室家,乐尔妻帑"。如果一个人把这两种关系都处理好了,家里的老人就高兴,这就是"父母其顺矣乎"。这样的家庭,才能其乐融融,团结和睦,充溢着浩然正气。

一个能在家里把所有亲属关系处理好的人,往往拥有很高的修为,因为在处理亲属关系过程中,他需要不断地放下小我,为家人做出更多奉献。他要面对利益不生计较之心,面对别人的误解保持心胸豁达。拥有这样的品德,才能给妻子儿女幸福,才能使家里的每个成员都高兴,让整个家庭和睦幸福。

任何一种修行,都应从当下开始,从眼前的生活开始:作为一名学生,要处理好与同学和老师的关系;作为子女,要懂得孝敬父母;作为长辈,要善待儿孙……社会中的每一个人,都应永葆一颗公益之心,勇于奉献、乐于助人。

修行,就在当下的每一个生活细节里。

/十八/
无所不在的中庸之道

> 子曰:"鬼神之为德,其盛矣乎!视之而弗见,听之而弗闻,体物而不可遗。使天下之人,齐明盛服,以承祭祀,洋洋乎!如在其上,如在其左右。《诗》曰:'神之格思,不可度思,矧可射思。'夫微之显,诚之不可掩如此夫!"

初看这段文字,孔子仿佛在为我们讲鬼神,实际上这里的鬼神,并不是普通老百姓心目中认为的鬼神,而是指我们生活的世界背后的运作规律,即中国文化里的"道"。孔子分别从几个方面对鬼神做了详细的描述,他先是指出了我们生活中容易看到的现象——世界似乎总被一股神秘的力量操控着,促使它不断变化。而这股神秘的力量就是"鬼神",是《中庸》里说的"道",也是促使世界演化的规律或者力量,一种动态的能量。

"鬼神之为德",就是讲"道"的作用,"道"究竟有什么作用呢?"其盛矣乎",它太伟大了,以至我们生活的这个宇宙空间,任何一个地方都有"道"的存在,都体现着它的规律。尽管它无处不在,我们却看不到它,即"视之而弗见"。不仅如此,也"听之而弗闻",我们听不到它,可它无时无刻不在起作用。"体物而不可遗",人类面对的每一件事情,以及万物之间无不体现"道"。

"使天下之人,齐明盛服,以承祭祀,洋洋乎!如在其上,如在其左右。"天下的人穿戴得整整齐齐,甚至还要斋戒,让自己的身心保持清净,带着朝拜的心,去体会宇宙大"道",才能感觉到"如在其上,如在其左右",道无处不在,并且前后左右紧紧地包围着我们。

孔子为什么会这么认为?其实,人的心就像是一面镜子,当镜子上面的灰尘很少时,它对整个世界的观照就很清楚;当一个人心灵的这面镜子完全没有灰尘时,它就可以照天照地。所以,当一个人迫于祭祀的庄严,保持着斋戒一般的心,让心处于很清净的状态时,他才能更好地抵御外部的干扰。此时,他再去体会世界背后的"道",才能感受得更清楚,理解得更透彻。如果他整个人昏昏沉沉的,抗干扰的能力就会被减弱,内心很容易被外界的名利、琐事等扰动不安,他对宇宙的体会或者观察,也就会

十八 无所不在的中庸之道

变得很粗糙,失去应有的客观和正确的判断。

"神之格思,不可度思,矧可射思。"孔子引用《诗经》里的这句话,再次为我们阐释了宇宙背后的大道。如果用正常的人类的思维去思考,很难想清楚,也很难体会得到,更不要说漠视它,对它不恭敬。不遵循规律的人,必然会受到规律这个"鬼神"的惩罚。既然孔子所说的"鬼神",不是外在的人格化的鬼神,那就不能用人类的思维去体会。否则,是很难体会到它的本来面貌的。当然,更不能亵渎它、攻击它,那会招致"鬼神"更大的惩罚。

"夫微之显,诚之不可掩如此夫!"从宇宙万物中间看宇宙的大道,根本看不到它在哪里。但是,有的时候它又会显现在整个宇宙演化的因果联系中,可以让人看到,从微到显。如同《道德经》中的"人法地,地法天,天法道,道法自然",一切都是自然而然地发生的,仔细体会它就能感受到。为什么是"人法地",就是告诉我们,一个人要想好好生活,就得遵守宇宙、地球的"道"。

任何人都不应该漠视宇宙大道的存在,要敬畏道,深刻地领会道,只有在任何时候都能按照道的要求做事,才有可能达到我们所期待的效果。

/ 十九 /

内圣外王方能厚德载物

子曰:"舜其大孝也与!德为圣人,尊为天子,富有四海之内,宗庙飨之,子孙保之。故大德必得其位,必得其禄,必得其名,必得其寿。故天之生物,必因其材而笃焉。故栽者培之,倾者覆之。《诗》曰:'嘉乐君子,宪宪令德。宜民宜人,受禄于天。保佑命之,自天申之。'故大德者必受命。"

孔子在这里为我们讲述了一个人的德行与他的整个事业的关系,就是《大学》里提倡的"内圣外王"。他以舜为榜样,仔细剖析了"内圣外王"该呈现出的状态。我们都知道舜是一个特别孝顺的人,尽管他的父母对他不好,可是舜一点儿不受影响,不仅没有任何怨言,还竭尽所能对父母好。一个人能够不带着自己的看法,全心全意地对别人好,从修行的状态来看,这是去掉了小我达到的非常高的境界。

什么是"德为圣人"？如果一个人无论做什么事，一心只为自己考虑，是小我比较大的人，他做出贡献的可能性就会很小。在中国文化里，被称作圣贤的人都是没有小我的人。没有小我，人就能够做到不计较个人得失，设身处地替别人考虑，全心全意为大众服务。这样的人就是圣人。舜做到了，所以他是伟大的，是圣人。

我们通过历史的记载可以看到，舜在治理国家时，是无我而利他的。他不需要鲜花和掌声，只是一心对别人好。这是他能把国家治理好的原因之一。这是圣人的"德"，或者圣人的境界，是所谓的"内圣"；从外在来看，舜是部落的首领，"富有四海之内，宗庙飨之，子孙保之"。拥有"内圣"德行的人，老百姓自然愿意为他建庙，势必"宗庙飨之"。他后世的一些子孙，也会继承和光大他的事业，也就是"子孙保之"。

孔子分析完舜"内圣外王"的形象之后，接着又说："故大德必得其位，必得其禄，必得其名。"意思是真正有德行的人，必有与他德行相适应的位置和机会，也必有与其德行相适应的收入和名声。除此之外，孔子还说舜"必得其寿"。孔子这里所提到的"寿"，不仅仅指一个人的肉体的寿命，也是一个人对后人的影响力，即精神层面的影响力。就像《道德经》中所说的"死而不亡者寿",就是这个人已经死了,但是他的精神却永久地留在世上,当代的子孙和百姓忘不掉他,后世的人们仍然记得他,尊重他,仰慕他。

现实生活中,总有一些人德行明显不够,却仍然能够名利双收,只是很难持久。一段时间之后,通常会有负面的信息传播出来,给他们的人生带来颠覆性伤害,就像《周易》所说:"德不配位,必有灾殃。"如果把一个人比作一座楼,德行就是他的地基,当地基不够扎实时,楼盖得越高,也就塌得越快。"盛名之下,其实难副。"当自己的德行和能力达不到人们的标准时,就不要过度索取。否则,只会为自己招来意想不到的灾祸。现实生活中这种"德不配位"导致灾殃的例子比比皆是。

实际上,中国文化里有一个非常重要的智慧:"故天之生物,必因其材而笃焉。故栽者培之,倾者覆之。"就是说上天对待宇宙万物都是平等的,一个人种下什么"因",就会收获什么"果",每一个人究竟有什么样的命运,取决于各个方面的努力。"天行健,君子以自强不息。"依靠自己的智慧和勤劳,才能书写波澜壮阔的人生。自强不息,珍惜生命,才能创造一份骄人的业绩,从人群中脱颖而出。

"嘉乐君子,宪宪令德。宜民宜人,受禄于天。保佑命之,自天申之。"孔子用《诗经》的这句话告诉人们,那些真正的大

/ 十九 /　内圣外王方能厚德载物

丈夫或者君子，真正有德行的领导者，每天过得都很快乐。因为他们的德行光芒四射，让人敬佩。他们爱护百姓，设身处地为别人着想，成全别人，自然而然就会得到别人的尊重。当然，拥有这样的德行和修为的人，必然有机会承担更大的使命，成就一番更大的事业，这就是"大德者必受命"。

一个真正有德行有修为，愿意肝脑涂地为众生服务的人，能够承受天命，承担责任，为社会做出更大的贡献，完成自己的使命。

/二十/
积善之家必有余庆

> 子曰:"无忧者其惟文王乎!以王季为父,以武王为子;父作之,子述之。武王缵大王、王季、文王之绪,壹戎衣而有天下。身不失天下之显名,尊为天子,富有四海之内,宗庙飨之,子孙保之。武王末受命,周公成文武之德,追王大王、王季,上祀先公以天子之礼。斯礼也,达乎诸侯大夫,及士庶人。父为大夫,子为士,葬以大夫,祭以士。父为士,子为大夫,葬以士,祭以大夫。期之丧,达乎大夫。三年之丧,达乎天子。父母之丧,无贵贱一也。"

《中庸》在上文分享了关于舜的记载,为人们树立了一位圣人的光辉形象,旨在阐述圣人该有的境界,以及做人做事的规范。在这一章中,《中庸》树立了另外一些圣贤者典范,周文王及其后辈们。这些伟大的历史人物,同样特别了不起,值得人们尊重和学习。

/二十/ 积善之家必有余庆

周文王是中国历史上西周王朝的奠基者,还是《易经》的发扬光大者。《易经》经他的完善才广为传播,也因此被后世称为《周易》。这样的人,注定了一生不平凡,本章开篇就赞其"无忧者其惟文王乎!"意思是在这个世界上,谁才是没有忧愁的人呢?大概只有文王了吧。需要引起注意的是,这里所说"忧",并非普通老百姓口中患得患失的"忧",而是一个人的天下之"忧",但是文王没有这种"忧"。

文王为什么能做到无忧?孔子就此展开了一番议论,他先是解释说:"以王季为父,以武王为子;父作之,子述之。"文王有他的父亲王季,为他开创了可持续发展的基业。据说文王的父亲,在治理周人时,因为高尚的德行和修为,让周围的很多部落主动追随他,接受他的领导。这种不靠武力征服他人的做法,正是《大学》里所说的"明明德于天下"。文王的儿子武王,不仅继承了文王的事业和德行,还把家族几辈人传承下来的精神和品质加以发扬光大,即是"武王缵大王、王季、文王之绪,壹戎衣而有天下"。周武王披上战袍,把残暴的统治者赶走,还天下百姓一个太平盛世。

接下来孔子分析了武王"壹戎衣而有天下"的原因——"身不失天下之显名"。武王能够伐纣成功建立周王朝,就是因为他发扬光大了从文王那里传承下来的美德,使得天下人都知道他,敬重他，愿意尊他为天子，为他建庙，让他"富有四海之内，宗庙飨之"。而且"子孙保之"，有后世的子孙继承他的遗志，再次将祖宗基业、家族事业发扬光大。

"武王未受命，周公成文武之德，追王大王、王季，上祀先公以天子之礼。"武王主政时，年龄已经比较大了。当他去世时，他的孩子还小，辅佐武王的儿子治理天下的是周公旦。周公旦为了全心全意地辅佐自己的侄子，积极地招纳人才，听说有水平高的贤人来访，还会把来不及咽下去的饭吐出来，只为礼貌周到地接待来人，这就是"周公吐哺，天下归心"的典故，可见周公旦求贤心之诚恳。

周公旦在辅佐武王的儿子治理国家的过程中，很好地继承并发扬了文王、武王及其祖上的志向和德行。首先，他追尊祖先太王（六朝以前，没有"太"字，"大"即是"太"）、王季为王，又以天子之礼去祭祀他们，并将这种祭祀的礼法大力推行出去，这也是令孔子极为赞赏的重要原因之一。在孔子看来，礼制是最值得推崇的文化，他说："郁郁乎文哉！吾从周。"礼制历经夏商两代，到周朝由周公旦完善推广，进而演化为一种备受推崇的文化，奠定这个文化基础的人就是周公旦。实际上周公旦制定的礼乐制度，不仅是祭祀他的家族的，而且是"斯礼也，达乎诸侯大夫，及士庶人"，是普及全社会的。

/ 二十 / 积善之家必有余庆

那么,这个礼制是怎么规定的?"父为大夫,子为士,葬以大夫,祭以士。父为士,子为大夫,葬以士,祭以大夫。"如果一个家庭中父亲是大夫,儿子为士,当父亲去世的时候,就要以大夫的礼节安葬他。因为他儿子的身份是士,祭祀的礼仪需要儿子来主持,所以就要以士的礼仪祭祀他。同理,如果这个家庭中父亲是士,儿子为大夫,当父亲去世的时候,就要以士的礼节来安葬他。因为他儿子的身份是大夫,祭祀的礼仪需要儿子来主持,所以就要以大夫的礼仪祭祀他。此外,"期之丧,达乎大夫。三年之丧,达乎天子。父母之丧,无贵贱一也。"意思是如果守丧需要一年,这种礼制从庶人至大夫这个级别都是一样的;如果需要守丧三年,那就是无论身份普通如老百姓,还是身份尊贵如天子,都得遵守这一礼制。

周朝在中国的历史上有约八百年的基业,是中国历时最长的朝代。文王、武王的先辈为他们及其后代奠定的优良的德行和家风,使得家族内人才辈出。不仅如此,他们还注重吸纳天下贤能为己所用。这也给了我们一个启发,任何人要做成一番事业,都要注重人才的培养。自己的事业再辉煌,如果人才的培养没有跟上,事业发展就会受阻,甚至毁灭。不管哪个行业,哪个企业,只要有人才,事业的根就扎实了,推进事业的力量也就稳住了。

实际上,不论是治理一个国家,还是管理一个企业,都需要将不同个性的人组合在一起，凝聚众人的力量。要想把事业做好，时时处处井然有序，必有一套完整的规矩。以此如果规矩具有普及性，适用于所有人，能保证公正性，人们就愿意遵守。

/二十一/ 善继人之志才是至孝

/二十一/
善继人之志才是至孝

子曰:"武王、周公,其达孝矣乎!夫孝者:善继人之志,善述人之事者也。春秋修其祖庙,陈其宗器,设其裳衣,荐其时食。宗庙之礼,所以序昭穆也;序爵,所以辨贵贱也;序事,所以辨贤也;旅酬下为上,所以逮贱也;燕毛,所以序齿也。践其位,行其礼,奏其乐,敬其所尊,爱其所亲,事死如事生,事亡如事存,孝之至也。郊社之礼,所以事上帝也。宗庙之礼,所以祀乎其先也。明乎郊社之礼、禘尝之义,治国其如示诸掌乎!"

孔子以武王和周公的孝为例展开论述:"武王、周公,其达孝矣乎!"武王和周公做到了真正的孝,因为他们"善继人之志,善述人之事者也"。在这句话中,孔子指出了"孝"应涵盖的两个层面:一个层面,要继承家人伟大的理想。武王的父亲文王及其祖上的理想,就是要给天下老百姓一个太平盛世,要敬天保民。另外一个层面，要把家族的事业发扬光大。文王时期，他的部落主要活动在泾水和渭水一带，就是今天陕西省的泾河和渭河。这个时期文王家族的事业是有局限性的，尚未实现敬天保民、为更多老百姓做事的家族理想。当武王看到纣王无道时，"壹戎衣而有天下"，把天下的老百姓都纳入自己的体系之中，实现了"为更多百姓做事"的家族理想。武王完美地把"孝"的这两个层面都做到了，是孔子眼中真正的大孝之人。

不仅如此，武王和周公还"春秋修其祖庙，陈其宗器，设其裳衣，荐其时食"，他们坚持在春秋两个季节，修缮祖庙，为祖上陈列祭祀的礼器，摆设先人们穿过的衣服和用具，供上当季收获的新鲜食物。并且，他们非常重视祭祀的礼仪规则，严格按照相关的要求行事。尤其祭祀的排位，有着非常严格的次序。首先，祖先的排位要依据其所处辈分依序在宗庙中排列，"宗庙之礼，所以序昭穆也"。这里的"昭""穆"都是辈分，"昭"是上一辈，"穆"是下一辈。在排位上，始祖居于中，"昭"置于其左侧，"穆"置于其右边。其次，前来祭拜的众人也按照每个人的身份确定谁应该先进去，谁应该后进去。进去之后每个人应该排在什么样的位置上，也有着极为严格的规则和要求，这就是"序爵，所以辨贵贱也"，身份地位不一样的人，站的位置也不一样。

除此以外，由什么样的人来主持这样盛大的祭祀活动，也要

/ 二十一 / 善继人之志才是至孝

认真甄选，因为"序事，所以辨贤也"，就是说一个人水平有多高，通过主持祭祀这样的大事就能分辨出来。如果他没有将特别有能力的人安排到相应的位置上，却把一个没有主事能力的人，不具备管理一方的水平的人安排到了非常重要的位置上，那就更麻烦了，说明他不懂人才。所以，主持祭祀的人至关重要，他不仅要懂得任用贤能，也要把每一个人都安排到最适合的位置上，能够人尽其才，让每个人发挥其最大的能量。

"旅酬下为上，所以逮贱也。"通常低一辈分，或者身份普通的人，要向那些辈分高或者身份高的人敬酒表达敬意。需要注意的是，敬酒前就要依照长幼次序排好宴席的座次，就是"燕毛，所以序齿也"。所谓"燕毛"，就是根据人的头发的颜色判断年龄。一般来说，头发特别白的人，年龄特别大，理应坐在上位；头发花白的人，需要坐在中间；而那些头发黑的年轻人，自然要居于下位。

"践其位，行其礼，奏其乐，敬其所尊，爱其所亲，事死如事生，事亡如事存，孝之至也。"在祭祀的时候，要按照祖上的身份地位的要求行礼，弹奏祖宗先人爱听的乐曲，也要敬爱祖上特别尊敬、爱护的人。尽管他们已经逝去了，依然要像先祖一样敬爱他们，这就是极致的孝道了。

"郊社之礼，所以事上帝也。"这里的"郊社之礼"，指的是祭天地的礼仪，"上帝"就是天地，即大自然。之所以要制定祭天地这样的礼节，就是为了表达人类对宇宙和自然的敬畏之心。而"宗庙之礼，所以祀乎其先也"，是指人们在宗庙里，按照宗庙的礼节祭祀天地，既表达了人们对祖先的仰慕和感恩，也表达了对自然的敬畏之心。

"明乎郊社之礼、禘尝之义，治国其如示诸掌乎！"这句话的意思是，一个人如果真正懂得了祭祀天地祖先这种祭礼中所蕴含的细节和精神主旨，即使治理一个国家，也像翻开手掌一样简单容易。这是因为在祭祀天地，以及祭祀祖先的过程中，体现了很多治国的道理。比如，在祭祀天地时，要充分表示对大自然的敬畏，这就是在提醒人们要顺应大自然，根据自然的规律做事耕种，才可能会有好的结果或者收成，这是可以应用到治理国家的方方面面的。

此外，在祭祀的过程中，还要求每个人"对位"，就是每一个人都要在自己的位置上做事。这就要求主持者，或者领导者在分配任务的时候，能够做到识人善用，一个人有什么样的能力，就给他什么样的位置。还要让那些处在下位的人，受到爱护和关照，这样他们才能懂得敬爱上位的人。所以，某种程度上祭祀的过程中所处理的各种关系，也是治国要处理的各种关系。若一个人能把祭天地和祭祖先这样大型的祭祀活动的道理都理通了、想透了，把祭祀过程中的各种关系都处理好了，事事处处圆融周到，他治理国家也是没有问题的。

任何人做任何事，只要能够带着一颗真心去做，善于体会并处理好做事过程中的细节和关系，有了问题也能好好地反思自己，就能为自己的人生积累更多的体验和觉悟，谋得一个更好的未来。

《中庸》的人生感悟

/ 二十二 /
修身是成就一切的关键

哀公问政。子曰:"文武之政,布在方策。其人存,则其政举;其人亡,则其政息。人道敏政,地道敏树。夫政也者,蒲卢也。故为政在人,取人以身,修身以道,修道以仁。仁者,人也,亲亲为大。义者,宜也,尊贤为大。亲亲之杀,尊贤之等,礼所生也。(在下位不获乎上,民不可得而治矣。)[1] 故君子不可以不修身。思修身,不可以不事亲;思事亲,不可以不知人;思知人,不可以不知天。"

孔子在世时,鲁哀公曾经问他怎么治国。孔子真诚地道出了治国当中的关键所在:"文武之政,布在方策。其人存,则其政举;其人亡,则其政息。"意思是文王和武王治理国家的那些方

---

[1] 东汉儒家学者郑玄认为,此句在下,"误重在此"。当删。——编者注

二十二　修身是成就一切的关键

针政策都详细地记录在竹简上了，如果想知道就可以查得到，就是"其人存，则其政举；其人亡，则其政息"。人们总是强调制度的重要性，忽略和轻视了人的重要性，当文王和武王在世时，这些好的政策就能推进，并得以真正执行，国家的政治就清明。而当这些有抱负、有担当的人，或者领导者不在了，这些好的政策，也就没有人去执行了。

"人道敏政，地道敏树。"由优秀的人治理国家，政治就会清明；国家的政治环境清明了，国家的发展就会好。实际上国家的政治环境就像土地，只有土地肥沃了，生长其上的树木才能繁茂旺盛。而清明的政治环境，往往会催生出更多优秀贤德的人才，让国家发展更加兴盛发达。

"夫政也者，蒲卢也。"孔子在这里把政治管理比喻成芦苇的生长，再次强调了领导者对于推动政治环境改善的重要性。就如同芦苇的生长，它在春天的时候，才刚刚冒出一点点芦苇芽儿，可是到了秋天就已经有两三米高了，当然还有更高的。孔子想以此说明伟大的领导者一旦出现，政治局面很快就能得到改观，良好的发展趋势如同芦苇的生长一样迅速。"故为政在人"，政治是否清明的关键因素还是在于人。

什么样的人才能把政事管理得这样好？孔子的主张非常明确，治理国家，搞政治管理的关键就在于人，而这个人必须具备人类美好的品德，或者具备很高的道德修为。"取人以身，修身以道，修道以仁。"能把政事管理得好的人，是懂得修身的人，并且是以"道"修身的人，而"道"就是"仁"。这里所谓的"仁"，就是"仁义道德"的"仁"，它是人类所有美好品德的总和，这样的人慈悲善良、刚毅果断，还有着非常强大的执行力。

人之所以为人，最重要的特征就是具备了"仁"这种品质。像动物一样的能吃能喝的"人"，不是真正意义的人，要从动物意义的"人"成长为堂堂正正的人，其标志就是具备"仁"的品德，有"仁心"。这种美德以"亲亲为大"，懂得把爱自己的亲人作为开端。他们孝敬自己的父母，团结自己的兄弟，对自己的孩子负责，会为家人树立良好的榜样。反之，从不把父母放在眼里，还经常跟兄弟姐妹闹矛盾，对孩子不管不问，这样一个在自己的家庭环境里做得不好的人，很难成为对社会有用的人。

"义者，宜也，尊贤为大。"这里所说的"义"，不是道义的"义"，也不是仁义道德的"义"，是做合适的事。进一步展开来讲，就是指一个人把事做得很恰当，他能够"尊贤为大"，很会用人。任何一个领导者，如果想把事业管理得生机勃勃，一定得把人用好，而把人用好的前提就是用好贤人。否则，任用小人，会让自己犯致命的错误，事业也会出大问题。贤人具有什么特点？德才兼备。"德才兼备"四个字道出了人才必备的两个特点：

/二十二/ 修身是成就一切的关键

一是从德行上来看,他具有良好的德行。二是从才能上来看,他具有主政一方的能力,具备一定的管理才能。

"亲亲之杀,尊贤之等,礼所生也。"即使我们爱自己的亲人,对他们也有亲疏之别,那么对待贤人,也应有所差别。比如我们对自己的父母,与对待其他的亲人,肯定会有所区别,要以父母为尊、为大;对自己的亲兄弟和堂兄弟,也必然会有所不同。"老吾老,以及人之老;幼吾幼,以及人之幼。"只有懂得如何亲近自己的父母,才能更好地敬爱其他老人。同样的,爱自己的孩子很正常,这是人的天性,仅仅做到这一点是不够的,还要能善待他人的子女。当然,对自己孩子的爱和对其他孩子的爱肯定会有所区别,有所偏差,这符合人性。同理,贤者本身也有大贤、小贤之分,毕竟每一位贤者所具备的德才是有差别的,在使用这些人才时,就要尽量把每个人用在该用的位置上,不能大材小用,也不能小材大用,这就是"礼所生也"。

"故君子不可以不修身。"就是说君子一定要好好修身。一个修身出了问题的人,他的品德和德行就会有问题,这样的人又怎么能做到"尊贤"?或者一个修身修得不好的人,内心很狂妄,很自私,是很难让组织管理有序,使政治清明的。所以,要想做成事必须先修身。

"思修身,不可以不事亲",要想修养身心,就得从对自己的亲人好开始，对父母好，对兄弟姐妹好，对身边的每一个人好。

"思事亲，不可以不知人"，要想对亲人好，就得尽可能地去了解他，知道他的喜怒哀乐，清楚他的喜好。只有很好地了解了关于他的一切，才会知道应该在什么时候，怎么更好地对待他。比如，年龄很大的老人，一次只能吃一点东西，不能吃凉的食物，不能吃不好消化的食物，那就不要给他们买或者送这些东西。只有充分了解了他人的需要，才有可能照顾得更周到。

"思知人，不可以不知天"，如果想真正了解一个人，不可以不懂天道。举个例子，我们都知道春天是生发的季节，树木、小草等开始拼命地扎根生长，生机勃勃地向上生发，像极了一个人生命中的孩童阶段。尽管每个人都非常清楚这一点，但仍有很多人在陪伴照顾孩子时茫然无措。那些懂得照顾小孩儿的父母，就会带着孩子到处奔走、追逐、跳跃，只要不伤到孩子的身体，他们就让孩子在这个阶段灵活地、自由地生长，给到符合他们天性的陪伴。反之，如果让这些孩子呆呆地坐着诵读经典，这就是"不知天"，因此也不能很好地"知人"，让孩子不能得以全面地生长发育。只有"知天"，才能尊重孩子生长特点，让孩子得到全面健康成长。

把《中庸》的这段文字反过来读同样适用，"知天"就能"知人"，"知人"就能"事亲"，"事亲"必须"修身"。实际上，一

/二十二/ 修身是成就一切的关键

个人真正做到对自己的亲人好，能够让老人高兴，能够设身处地替其他家庭成员着想，这个过程就是修身。因为在这样的过程中，需要这个人具有更高的操守和情怀，需要他不断放下小我，成全大我。

通过哀公问政，孔子为我们总结了几个小道理。任何一个组织的管理，制度固然重要，但是人更重要。如果人的德行和能力跟不上，再好的制度执行起来，恐怕也会偏离初衷。那么，在选用人才的时候，一定要选用那些懂得修身的贤者，就是《中庸》里所倡导的德才兼备的仁人志士。同时，也要懂得修自身，修身要用"道"，"道"能让人具备"仁"的美好品德。只有这样，才能把组织管理好，把事业做好。

/二十三/
处理人际关系的诀窍

> 天下之达道五,所以行之者三。曰君臣也,父子也,夫妇也,昆弟也,朋友之交也:五者,天下之达道也。知、仁、勇三者,天下之达德也,所以行之者一也。或生而知之,或学而知之,或困而知之,及其知之一也。或安而行之,或利而行之,或勉强而行之,及其成功一也。子曰:"好学近乎知,力行近乎仁,知耻近乎勇。知斯三者,则知所以修身;知所以修身,则知所以治人;知所以治人,则知所以治天下国家矣。"

中国传统文化有个很大的特点,讲求修身治国,这在《中庸》里有充分体现。在这章的开头,《中庸》以个人修身的标准为引,论述治国之道,就是"天下之达道五,所以行之者三"。这句话的意思是,人活在这个世界上,需要面对五种人伦关系,而要处理好这五种人伦关系,则需要三种美好的品德。

/ 二十三 / 处理人际关系的诀窍

首先,它分析五种人伦关系都是什么。"君臣也",这是人要面对的第一种人伦关系。这里所谓的"君臣"关系,可以引申为一个人与领导者的关系,旨在提醒人们,无论何时都要处理好自身与领导者的关系。"父子也",这是我们要面对的第二种人伦关系。第三种人伦关系是"夫妇也",第四种人伦关系是"昆弟也"。同样的,这里所说的"兄弟",不仅仅指具有直接血缘关系的亲兄弟,还包括堂兄弟、表兄弟等,是中国传统家族中所涵盖的所有兄弟关系。第五种人伦关系,"朋友之交也",一个人与朋友之间的关系,是其社会性的标志。君臣、父子、夫妇、昆弟、朋友这五种关系,实际上涵盖了一个人生活在这个世界上,绝大多数的人伦关系,即"五者,天下之达道也"。这是天下人都要遵循的基本人伦规范。

其次,处理好五种人伦关系需要三德,即"知、仁、勇三者,天下之达德也"。当一个人具备了"知""仁""勇"三种品德,才能处理好社会中的各种关系。尽管"知""仁""勇"表面看起来是三种不同的美好品德,但它们内在的精神是一致的,"所以行之者一也"。"或生而知之者",这些美好的品德,有些人天生就有。他们生来就能够做到彬彬有礼地待人,懂得孝敬父母的意义,明白对朋友讲诚信的重要。他们天性善良,拥有高尚的品德。有的人可能淘气一点,可是教一教他们也能变好,这是"学而知之"者。还有的人，吃了很多亏之后，才明白好品德的意义，这是"困而知之"者。

《中庸》认为，一个人不管是"生而知之"者，还是"学而知之"者，抑或"困而知之"者，只要懂得了美好品德的重要性，并能落实到自己日常的行动中，其结果都是一样的，即是"及其知之一也"。那么，在这一过程中，每个人的表现也会有所不同，"或安而行之，或利而行之，或勉强而行之，及其成功一也"。就是说有的人心甘情愿、心安理得地践行这些美好的品德；有的人为了获得某种利益，也能让自己变得越来越优秀；还有的人，内心里不是那么情愿，可是迫于现实的压力，也能做到与人为善，讲求诚信。总之，不管他们是心安理得高高兴兴地去做，还是出于追名逐利的目的去做，抑或是迫于现实压力勉强自己去做，这都没有关系。只要他们践行了"知""仁""勇"中的一种，便是"及其成功一也"，仍然值得人们尊重和学习。

到底什么才是"知""仁""勇"？为此，《中庸》借孔子的一段话做了进一步解释："好学近乎知，力行近乎仁，知耻近乎勇。"意思是如果一个人非常爱学习，他就会带着学习的心，利用一切机会学习，这是"知"。孔子在这里提出的这个"知"，其实相当于智慧的"智"。现实生活中，判断一个人是否有大智慧，只要观察他在日常生活中是否爱学习就可以了。这样的人，会向

/ 二十三 /　处理人际关系的诀窍

生活学习，从实践中学习，向周边的朋友学习，他们会运用一切场合自觉地学习，这是孔子说的"近乎知"的人。实际上，一个具有这种努力学习精神的人，离拥有真正的大智慧也就很近了。

因此，我们这一生，先别说自己有多大智慧，首先要做一个爱学习的人。不要急着在别人面前表现自己。在别人面前努力证明自己的行为，在某种程度上是虚荣的表现。要沉下心向周围的人学习，观察他们身上那些自身所不具备的优势和特点，并学习和借鉴；还要学会倾听，仔细分析哪些才是对自我的成长有价值的。只有认真倾听别人说了什么，才能充分体会他说的内容，让自己不断提高。

什么叫"力行近乎仁"？即在每一个生活细节里都能够按照很高的要求规范自己的人，努力按照美好的品德要求自己的人，是有德行的人，是接近于有大德的人，也是"力行近乎仁"的人，这样的人是非常了不起的人。

所谓"知耻近乎勇"，是指一个真正勇敢的人，是知道羞耻的人。比如当一个人知道自己做了不该做的事，感到了羞耻，之后类似的事情他不会再做了；或者有些他该做的事，当时因为懦弱不敢做，事后他会为自己的不作为感觉羞耻，下一次遇到同样的事，他会勇敢地把该做的事做了，还能做好。一个真正知道羞耻的人，就会有真正的勇敢，他勇于把该改的问题改掉，把该承担的责任承担起来,并尽一切可能把事情处理到最好。

"知斯三者,则知所以修身;知所以修身,则知所以治人;知所以治人,则知所以治天下国家矣。"意思是当一个人知道了"知""仁""勇"三种美好的品德,就会知道怎么修身,也就可以做好管理,能够治人。而要想更好地管理别人,就得让被管理的人拥有学习的精神,具备美好的品德,知道什么该做什么不该做。这样的人"则知所以治天下国家矣",会懂得如何治理天下或者国家。

中国文化倡导的管理,不仅注重用制度规范人做事,而且强调人的美好品德的树立,从而让人们自己知道什么该做,什么不该做。优秀的领导者深悉,好的管理方法会积极地引导被管理者学习,尽最大可能地提升被管理者的能力,使其具有美好的品德,实现人人都能自我管理的目标。

如果社会中的每一个人,都拥有人生的智慧,具备美好的品德,清楚自己该做什么,不该做什么,整个国家或者整个人类社会就会井然有序,天下太平,这其实就是中国传统文化里倡导的大同社会。

/二十四/
发自内心地对别人好

> 凡为天下国家有九经,曰:修身也,尊贤也,亲亲也,敬大臣也,体群臣也,子庶民也,来百工也,柔远人也,怀诸侯也。修身则道立,尊贤则不惑,亲亲则诸父昆弟不怨,敬大臣则不眩,体群臣则士之报礼重,子庶民则百姓劝,来百工则财用足,柔远人则四方归之,怀诸侯则天下畏之。

想把国家治理好,要做好九件事,也就是掌握九条法则,即"凡为天下国家有九经"。尽管今天的国家治理和古代的国家管理很不一样,但是这些治国的要求和规则,却是值得每一个领导者体会和借鉴的。

第一条法则,"修身也"。就是一个人要想把事做好,必须修好德行。一个自身修养不好的人,就得不到别人的尊重,往往也很难做成事。

第二条法则,"尊贤也"。一个优秀的领导者,通常会把那些有德行、有才能的人,聚集到自己身边,单枪匹马很难成大事。

第三条法则,"亲亲也"。"亲亲"很重要,总不能为了做成事搞得众叛亲离。如果一个人做的事连自己的亲人都讨厌,也就很难取信于人,把事情做好。

第四条法则,"敬大臣也"。要敬重围在自己身边的重臣,这也是非常重要的一条法则。

第五条法则,"体群臣也"。要想治理好一个国家,仅仅敬重几个大臣是不够的,政策的实施、具体的事务还要靠更多中基层领导者去执行、去监督。只有大家一起,围绕治国这件大事尽心尽力地去做,国家才能长治久安。

第六条法则,"子庶民也"。就是要对老百姓好。

第七条法则,"来百工也"。就是一定要繁荣工商业。只有国家的商业发达了,财政经济才可以得到保障。

第八条法则,"柔远人也"。就是要处理好邦交关系。中国传统文化特别反对武力征服、强迫压制,即使发生事关国体的大事件,也不主张直接使用武力。而是倡导怀柔政策,以德感化,让周边国家由衷地尊重自己,臣服自己,以此确保边疆安定。

第九条法则,"怀诸侯也"。周朝采用分封制把大一统的国家

/ 二十四 / 发自内心地对别人好

分封成不同的诸侯小国,"怀诸侯也"就是要求周朝的中央政府真诚地对待各个诸侯国,让他们心甘情愿地维护周天下的利益,以此确保周朝政权的稳固。

《中庸》要求国家领导者要做好的九件事,也就是领导者必须掌握的九条法则,看起来容易,做起来难,值得每一个人反复琢磨。

首先,"修身则道立"。中国传统文化特别注重论"道",对个人修为的要求比较高,认为只有修好了自身,才能更好地体现"道心"。比如孔子,当他的主张不被鲁国人重用,为了国家天下,五十多岁时毅然舍弃个人的功名利禄,周游列国,他一心为天下百姓谋福祉的行为本身就是"道"。

其次,"尊贤则不惑"。一个人真正做到了尊重贤人,尊敬特别有智慧和德行的人,这一生都能够"不惑"。这是因为一旦遇到困难,围绕在他身边的贤者、有智慧的高人,就帮他解答或者化解了。所以,一个优秀的领导者,不一定非得什么都懂,什么都会,却一定要懂得尊重贤人,懂得把特别有才能的人聚集在身边。

再次,"亲亲则诸父昆弟不怨"。要对亲人好,对自己身边的人好。只有对他们好了,让他们感受到温暖,家里的亲人不起怨恨,整个家庭的氛围才能融洽和睦。需要引起注意的是,对父母好，对家人好，本是为人的一个基本需要，切不可因此践踏国家的法律，这是原则，也是底线。

还有，"敬大臣则不眩"。这里所谓的"大臣"，实际是一国之重臣，是针对管理国家重大事务的国之柱石而言。国家的领导者一定要敬重国之重臣，让他们的才能得到施展，他们才会竭尽全力去保护国家太平，把国家管理得井然有序。实际上当一个人的身边聚集了大量的贤德志士，无论遇到什么事情，他都能做到"不眩"，能够把遇到的事情想得明白通透，即使一时有疑惑，那些贤德志士也能帮助分析解惑，直到问题得以解决。

此外，"体群臣则士之报礼重"。优秀的领导者，既会敬重拥有大德的贤者，也能够礼遇普通的贤者，对围绕在自己身边的所有人好。这样的领导者带领出来的团队成员，往往会有一颗感恩之心，他们会努力工作回报领导者，并以一颗赤诚之心对待国家。

"子庶民则百姓劝"，如果每一个地方的领导者，都能爱惜老百姓，全心全意为人民做事，老百姓自然特别高兴，愿意拥戴他。同样的，"来百工则财用足"，如果每一个地方的领导者，都能善待手工业者，就会使当地商业得以发展，财政经济得以保障，呈现出欣欣向荣的景象。

"柔远人则四方归之"，要真心地对周边的国家好，不仅仅在

二十四 发自内心地对别人好

语言上尊重，更要在行动上给予他们足够的尊重，要发自内心地尊重他们，与他们和平共处。让周边国家的"远人"从内心敬佩这个国家，真心实意地回报这个国家，从而使国家的边疆安定，百姓安居。

最后，"怀诸侯则天下畏之"。周朝采用的是分封制，作为中央机构要善待辖制下的各个诸侯国，让他们由衷地产生敬畏，并心怀感激，使得向心力和凝聚力增强，国家稳固持续地发展。

修身、尊贤、亲亲、敬大臣、体群臣、子庶民、来百工、柔远人、怀诸侯，相当于把管理中应有的内容都涵盖了，一个人或者一个地方，乃至一个国家，如果把这九件大事都做好了，通常就能得到人们的尊重和认可。

在人类的文明史上，这种特别强调以对别人好、赢得别人尊重的做法，极具中国文化特色。如果每一个国家都能做到通过发自内心对别人好赢得别人的尊重，那么这个世界就会更加和谐融洽，更能体现出人类文明的美好。

/二十五/
种下对别人的好感

> 齐明盛服，非礼不动，所以修身也。去谗远色，贱货而贵德，所以劝贤也。尊其位，重其禄，同其好恶，所以劝亲亲也。官盛任使，所以劝大臣也。忠信重禄，所以劝士也。时使薄敛，所以劝百姓也。日省月试，既廪称事，所以劝百工也。送往迎来，嘉善而矜不能，所以柔远人也。继绝世，举废国，治乱持危，朝聘以时，厚往而薄来，所以怀诸侯也。

这一段文字是对上文"凡为天下国家有九经"的进一步解析，即九条法则是怎么实施的，怎么才能做到。

首先，对自己来说，就是要修身，要"齐明盛服，非礼不动"，自己不仅要穿着端庄，还要保持内心的清净。实际上这是《中庸》提出的个人修身的两个层面：第一个层面是外在的，要

/二十五/ 种下对别人的好感

庄严，要"齐明盛服"。外交部有礼宾司，其中一项职能就是研究接待外国来宾时的着装，要严肃庄重，并且符合身份。第二个层面是内在的，也要保持应有的庄严，不做不该做的事，不做不符合礼仪的事，就是"非礼不动"。由此可见，《中庸》要求的"齐明盛服，非礼不动"，就是让人们能够表里如一，达到身庄严与心庄严的统一。

其次，对待贤人，要"去谗远色，贱货而贵德，所以劝贤也"。领导者对待真正德才兼备的人，与对待小人应该有所区别。因为小人善于察言观色，说领导者爱听的话，做领导者喜见的事，从而赢得领导者对自己的喜爱，以达到他不可告人的目的。优秀的领导者一定要清楚小人说的话越漂亮，其利益需求就可能越大、越迫切。君子或者德才兼备的贤者，不一定说领导者爱听的话，但是他们说的话有道义、有大局。

有"耳根子软"的领导者，或者修为不够的领导者，很容易相信了小人的话。那些有德行、有修为的人会因此遭到诽谤，被小人中伤，不得不愤而出走。当然，有德行的人也不会愿意待在这样的环境里，即使迫不得已留下了，也难以发挥才能。孔子之所以周游列国，就是因为鲁国君主听信小人的谗言，使得孔子这样的君子的才能无法施展，被迫离开。

作为优秀的领导者，要想让真正有修为的人待在身边，辅佐自己完成一番事业，就要远离小人，更不要相信小人的话，这是"去谗"。同时，还要"远色"。如果领导者整天围绕着一些漂亮的女人打转，就很难吸引贤者前来与他共事。此外，要"贱货而贵德"，不要在乎别人带来的利益的多少，而要看这个人是否有与之匹配的德行，这才是对待贤者应该有的态度。

最后，要对自己的亲人好。中国古代社会是家族社会，那时的家庭概念跟现在一家几口人的小家庭概念不太一样。那时每个人都生活在一个大家族里面，如何对待家族中的每一位亲人，是人一辈子非常重要的修行。具体该如何做，《中庸》也给出了可供参考的标准，要"尊其位，重其禄，同其好恶，所以劝亲亲也"。这是把对亲人的好分为了三个不同的方面：首先，要"尊其位"，就是要给亲人机会，把他们安排到适当的位置，让他们受到人们的尊重。其次，要"重其禄"，《中庸》这本书非常现实，提倡给亲人一些物质上的利益。尤其逢节假日，该送什么东西，就得送什么东西。最后，要"同其好恶"，看待同一个问题时，能够与亲人保持一致的价值观，避免由此可能带来的怨怼之气，确保家庭氛围的和谐统一。

这是《中庸》给出的人们对亲人好的标准，也是可供我们参考的一个方法。实际上一个人怎么对自己的亲人好，对自己的家族好，都无可厚非，这是人之常情。但是这种"好"，绝对不能

/二十五/ 种下对别人的好感

伤害道义，不能触犯国家法律，损害社会的公共利益，更不能拿着国家的公权力，满足自己家族的私欲。

对待辅助自己的大臣，要"官盛任使，所以劝大臣也"。对真正有才能的大臣，就是要给他们非常好的位置，使他们的能力得到尊重和认可，让他们的才能得到最好的发挥，让他们的价值得到最大化的转化。作为领导者一定要深悉，有才能的人也希望自己的能力得到重视和认可，要尽可能地创造机会让他们受到重用，让他们发自内心地、高高兴兴地为自己办事。

对待一般的"士"，也不要轻视，而要尊重他们，对他们讲诚信，尽可能地满足他们对物质的需求，这是"忠信重禄，所以劝士也"。对待这样的人，要多强调忠信的意义和价值，发挥他们所长，尽他们所能，让他们紧紧团结在领导者的身边，做出应有的贡献。

对待普通的老百姓，要"时使薄敛，所以劝百姓"。要善待百姓，要合理征用，尽管很多工程是为百姓服务，为百姓谋取福利，比如兴修水利，最终目的是让百姓的庄稼更好地生长，但是也一定选在农闲时节来干。同时，适当地减少一些赋税，尽可能地让老百姓的负担少一些。

对待民间百工，要"日省月试，既禀称事，所以劝百工也"，真心地对待有技能的工商业者、手工业者，并尽力用好他们，按照他们才能的高低，给予不同的待遇。把那些专业技能特别高超的人的待遇设定得高一些，让他们的优势得到最好的发挥，从而为社会、为百姓生产出更多更好的商品。

对待邻国外族，要"送往迎来，嘉善而矜不能，所以柔远人也"。对待别国来访者，要真诚地迎接他们，表扬并肯定他们做得好的地方。作为四大文明古国之一的中国，古代经济文化的发展都很超前，文明水平更是高于周边他国，但是没有因为自己的强大，轻视那些经济文化发展落后于自己的国家。不仅如此，还能真心实意地赞扬他们做得好的地方，并尽可能地运用自身的力量和优势帮助他们尽快发展起来。

最后，对待诸侯，要"继绝世，举废国，治乱持危，朝聘以时，厚往而薄来，所以怀诸侯也"。国家的领导者，不能让辖制下的诸侯国荒废，要想办法让他们兴盛起来。如果哪个诸侯国内部乱了，就要帮着他们平息祸乱，及时化解危难。当他们前来朝贡，要尽可能少要贡品，多回赠一些物品。以这样的方式对待诸侯国，他们会很感恩，也就会发自内心地围绕在周天子的周围，维持并提升国家的向心力和凝聚力。

中国文化特别强调真心实意地对别人好，从而赢得别人的认可和尊重。仅靠冷冰冰的法制规章约束人的行为，没有任何人情，这是文明的退步。法制重要，规范重要，人情也重要。真正

/二十五/ 种下对别人的好感

让人舒心和温暖的是那些制度之外的，也是我们中国文化里提倡的人文精神，这在《中庸》里的治理国家九经的制定及其实施的方案中都可充分感受到。

真心实意地对别人好，并把这种对别人的好养成生命的自觉，才能广结善缘。我们总希望得贵人相助，可贵人为什么帮助我们？只有具备了真心实意希望别人好、设身处地为他人着想的品德，才能为自己种下善因，种下别人对自己的好感，才能在遇到困难时更好更快地得到别人的帮助，走出困境，化解危难。

《中庸》的人生感悟

/二十六/
预则立的智慧

> 凡为天下国家有九经，所以行之者一也。凡事豫则立，不豫则废。言前定则不跲，事前定则不困，行前定则不疚，道前定则不穷。

《中庸》在上文中分享了治理国家所涉及的九条法则及实施措施，如果这九个方面处理得好，国家也能相对稳定。实际上要把这九条法则一以贯之地做好，还需要一个非常重要的条件，就是领导者的智慧和境界都要非常高。在中国文化中，人们对于一个群体的领导者的依赖性非常强，达到了相当高的程度，这是优点，也是弱点。毕竟在现实中，不是每个领导者都能达到《中庸》要求的状态和境界，这只能是领导者追求的方向和目标。因此，在实际治理过程中，除了依靠领导者的修为之外，还需要合

二十六 预则立的智慧

理的制度和行为规范，多管齐下方是正道。

首先，不管做任何事，一定要进行事前谋划，"凡事豫则立，不豫则废"。这里的"豫"有预备好的意思。如果事前没有谋划，仓促上阵，很容易把事搞砸。实际上，很多时候即使在事前做了精心的谋划，也未必能把事情做成，或者即使勉强做成功，也达不到理想的目标，更不要说没有准备，慌张冒失地去做事。

做事如此，说话也是一样的道理，开口说话前也需要精心准备，才能"言前定则不跲"。这是非常容易理解的，没有任何准备地发表一段演讲，难免因为不知道说什么更为恰当导致一时语塞，吞吞吐吐，致使谈话场面尴尬。比如，学生在面试到来之前就要早早谋划，应当了解多读哪些书可以提升自己的专业功底，又有哪些书可以拓展相关知识面。做好了一切准备，才能坦然面对老师提出的任何专业问题。在回答老师的问题时，才能做到语言流畅，表达清晰得体，也就能够赢得老师青睐。反之，如果没有准备，没有思考，很容易被人问住，使自己更加慌张，甚至说话结巴，也就无法给老师留下一个良好的印象，失去不可多得的机会。

"事前定则不困"，就是做任何事之前要先想清楚，这是件什么事，可能会遇到什么事，想清楚之后做起事来才能得心应手，不容易让自己陷入困顿。不管做什么事，过程中难免会遇到无法预料的情况,如果能够在事前多做筹划,把涉及的一些问题想透了,想周到了,在做事过程中遇到任何困难,也就能够得到及时化解;即使一时化解不了这些困难,也能够因为事前有了充分的规划,让自己内心的愧疚减少一些,这就是"行前定则不疚"。

"道前定则不穷",就是我们在做事之前就要多想几种方法,一种方法不行,那就再准备另外一种方法。如果把方法都想清楚了,就不怕做事过程中的失败,毕竟还有预案,有备选方案,即使遇到再多困难,也能让事情持续往前推进。反之,不做事先规划,一旦在行事的过程中遇到突变和困难,常常会因为缺乏有效预案而无法让这件事推进下去。

《中庸》在这一章中所给出的内容,是九条法则得以实施的方法,那就是"豫则立,不豫则废"。而后分述了几个场景和例子,分别是"言前定则不跲""事前定则不困""行前定则不疚""道前定则不穷"。这对我们做事、处世都有非常好的启发。

/ 二十七 / 成就自我的本质

/ 二十七 /
成就自我的本质

在下位不获乎上,民不可得而治矣。获乎上有道:不信乎朋友,不获乎上矣。信乎朋友有道:不顺乎亲,不信乎朋友矣。顺乎亲有道:反诸身不诚,不顺乎亲矣。诚身有道:不明乎善,不诚乎身矣。

"在下位不获乎上,民不可得而治矣。"这句话的意思是,一个人不管处于什么位置,如果不能得到上级领导的认可,他会很难施展自己的才干。这不难理解,不管一个人多么有能力,如果他始终得不到上级领导的信任,被处处掣肘,什么资源也得不到,也就很难把事做好,或者很难把事做成。反之,如果上级领导认可他,也会全心全意地支持他,扶持他,他的才能会得到更好的施展。古代行军打仗时,有个"将在外,君命有所不受"的原则,这从另外一个角度说明了皇帝的信任,也说明得到上级领导信任的重要性。否则，作为统领全军的将军，他得不到皇帝的信任，军队执行的所有政策都要给皇帝看，就连排兵布阵的方案也要先通知皇帝，时时处处被皇帝掣肘，难免会因信息传递不及时贻误军机，由胜券在握转而为败局。

作为下级要想得到上级的信任和认可，《中庸》里提出了一个方法，就是"获乎上有道：不信乎朋友，不获乎上矣"。一句话，如果一个人连一个朋友都没有，恐怕也很难得到上级领导的认可。通常，一个为人自私自利、谎言连篇，还特别会算计别人的人，很难有真正的朋友。反之，一个乐于奉献，对人友善真诚的人，很容易得到他人的信任，也就比较容易获得真正的朋友。这样的人在工作中懂得如何跟同事合作，也能任劳任怨，并且会诚心诚意地跟领导打交道，也就很容易获得上级领导的信任和肯定，在工作中得到更多的支持和帮助。

至于怎样才能获得真正的朋友，《中庸》同样指出了可行之道，"信乎朋友有道：不顺乎亲，不信乎朋友矣"。想拥有真正的朋友，也是有方法的，要"顺乎亲"，就是讲孝道。人这一辈子最应该感恩的就是生养自己的父母，他们不仅给了我们生命，还无怨无悔地把我们抚养长大。如果一个人不懂得感恩生养自己的父母，不团结自己的兄弟姐妹，一味斤斤计较，也就很难真心地对待家庭以外的其他人，很难交到真正的朋友。

/二十七/ 成就自我的本质

想要得到亲人的认可，也有一定方法可循，就是"顺乎亲有道：反诸身不诚，不顺乎亲矣"，即学会不断地反省自己。反之，一个不能从自己身上找原因的人，通常事事指责别人，很难得到亲人的信任和肯定。经常反省自己，设身处地考虑他人需要的人，很容易得到亲人的信任和他人的好感。

"诚身有道：不明乎善，不诚乎身矣"，这是对"顺乎亲有道，反诸身不诚"的进一步解释。一个心里没有是非标准的人，没有向善之心的人，通常不会反省自己。那些总是以为自己委屈，认为自己行事正确伟大的人，往往刚愎自用、自以为是，也就不太容易认识到自己的问题并检视自己。反之，一个内心树立了正确的是非观的人，才能自觉地追求那些美好的德行，并以这些德行的标准检视自己，反省自己。

把《中庸》这段文字连贯起来看，我们会发现逻辑性是非常强的。就是一个具有正确的是非观念的人，一个追求美好品德的人，他会时时反省自己，对自己提出很高的要求。这样的人会对自己的父母好，对兄弟姐妹好，也能对亲人以外的其他人好，从而获得别人的信任，成为很多人的朋友。这样的人，自然而然会吸引上级领导的目光，得到上级领导的认可与支持。由此，他才能更好地利用自己手中所掌握的权力，充分发挥自己的才能，为人们做实实在在的好事，成就一番事业。

《中庸》的人生感悟

/ 二十八 /

成长最快的方法

> 诚者,天之道也;诚之者,人之道也。诚者,不勉而中,不思而得,从容中道,圣人也。诚之者,择善而固执之者也。

这段文字涉及《中庸》里非常中心的一种思想,是中华文化内在的智慧。首先,"诚者,天之道也",意思就是人天生都有大智慧,而且人的这种大智慧是和宇宙一体的,无所不知,非常通透。这种智慧就是孟子所说的"仁义礼智,我固有之"中的"仁义礼智",也是儒家认为的人性之中最美好的东西,它不是外在任何事物可给予的,而是人本身所固有的本质。

所以,"诚者,天之道也"其实就是在提醒人们,人人都有领悟人生和宇宙规则的大智慧,这种智慧是内在的、天生的,只

/ 二十八 / 成长最快的方法

是这样的大智慧在社会生活中逐渐被污染、被蒙蔽。因此，尽管这是我们与生俱来的智慧，但是我们不一定能找得到它，或者不一定能发现得了它，让它发挥应有的价值。

怎么才能找到这种大智慧？"诚之者，人之道也。"所谓"诚之者"，就是帮助人们、引导人们找到上天赋予人类大智慧的"人道"，它不假外求，要求乎己身。找到这种大智慧，或者已经领会这种大智慧，还能在实践中很好地做到了，这样的人就可以"不勉而中"，就可以毫不费力地在做事过程做到"中"。这样的人根本不需要过多地思考，就能对世界的万事万物很好地领会。

实际上一个人的思考能力不是一种智慧，而是他经过后天训练才具有的能力。真正先天的智慧是"不思而得"的，是人们一下子就能被激发出来的本能反应。遭遇一些突发事件时，人们心里会一下子闪现这些事件未来的走向。在这个过程中，人们头脑中瞬间产生的图像，或者做出的判断，是没有经过任何思考的，是自然而然生发出来的结果。

即使一个普通人，遇到特别危急的事情，也会激发天生的大智慧。比如，一个人走着走着突然要栽倒，就在他身体向后栽倒的一瞬间，他会下意识地抱住脑袋，而在他的身后恰好有块石头，但是他当时并不知道。这种现象在生活中并不少见，这样一个不经思考的下意识的自我保护动作，其实是人们天生具有的

"不思而得"的智慧。

怎么样才能找到"不思而得"的大智慧？要"从容中道"。当一个人达到了任何外在的干扰都扰动不了他，动摇不了他的状态时，他就找到了这种大智慧，而他本人所呈现出的状态，必然是"从容中道"。前文中我们曾经阐述过"中道"的概念，就是一个人在任何时候，做任何事，都不会被任何外在诱惑干扰，他在做事、思考问题时，能够把握住中道不偏离原则，不触及底线。

换言之，很多人之所以无法做到中道，就是因为很容易被外界的事物干扰。一个人一旦被外物干扰，就容易失去正确的分析能力，导致对事物的判断失误。除了"外物"之外，干扰一个人的，还有他内在的情绪，比如愤怒、忧郁、悲伤等等。不管哪一种情绪，一旦在人的内心深处生出，他的智慧就会被蒙蔽。而当这个人找到了大智慧，任何外在的事物和内在的情绪就无法干扰到他，他就能更加集中心志，更好地灵灵觉觉地把握住这种智慧，而后"从容中道"。

《中庸》对于找到了大智慧的人，充满了敬仰和钦佩，连续使用了"不勉而中""不思而得""从容中道"三个成语肯定他们，赞扬他们。所谓的"不勉而中"，就是不用勉强，不用费劲儿，自然而然就能达到圆融中道的状态；"不思而得"，指的是一

/二十八/ 成长最快的方法

个人内在的智慧已经达到灵灵觉觉的状态，他对世界的反应是非常准确的；"从容中道"，就是指一个人不被任何外在和内在事物干扰，可以在做事过程中做到自然中道。具备这些能力的人，即"圣人也"。

《中庸》里边的圣人不具有任何神话的色彩，是实实在在的生活中的人，任何人一旦找到了内在的智慧，并用身心证得了这种智慧，也就达到了圣人的状态。如何才能找到这种智慧，修到"圣人"的状态？"诚之者，择善而固执之者也。"这里的"择善"，指的是个人修养的一种方法，其实就是一个人找到"道心"的过程，也是找到中国文化里赞许的一个人所具有各种美好德行的过程。体现在具体的行动中，则是他展现在人们面前的善的行为。这样的人懂得如何做自己该做的事，承担自己该承担的责任，他们坚守善道，一心只想做善人，并努力地将善行持续下去，这是"择善而固执之者"。这样的人慢慢就能恢复他天性里的大智慧。

前文中我曾讲过人的两个不同方面：一个是受污染的，或者说带有人性弱点的一面；另一个是清清明明的，具有很高智慧和德行的一面，也就是被我们称为"道心"的那一面。而所谓的"圣人"，就是把"道心"修出来的人，他们呈现在人们面前的是积极的、光亮的"道心"。

一个人坚守"道心"的路是非常艰难的。开始的时候，包括在持续下去的过程中，一定会有一些内在的念头、外在的诱惑不断地干扰这个人，他要不断克服这些干扰，而当这个人能够把"道心"里那些美好的品德内化成自己心灵本来的状态，他所有的德行和善念都会演变成下意识的表现、道德的自觉，此时他的"道心"即是"人心"。

/ 二十九 /

自我成长的途径

> 博学之，审问之，慎思之，明辨之，笃行之。有弗学，学之弗能弗措也；有弗问，问之弗知弗措也；有弗思，思之弗得弗措也；有弗辨，辨之弗明弗措也；有弗行，行之弗笃弗措也。人一能之，己百之；人十能之，己千之。果能此道矣，虽愚必明，虽柔必强。

这是《中庸》倡导的个人学习和成长之道，体现了中国文化一个非常重要的觉悟特点。

首先，"博学之"，就是要广泛地学习。博学的人，一定要有海纳百川的容人之量，有像大海一样宽广的胸怀，诚如孔子所言："三人行，必有我师焉。"他做到了这一点，在学习中"无常师"。他向任何人学习，也能不耻下问，始终保持着谦卑包容的心态，所以孔子是圣人。

我们中国文化有一个非常大的特点，要求人们能有一种谦卑的学习主动性，这种主动性必然要求处于学习中的人具有宽容和博大的胸襟。所以，很多中国人把"海纳百川，有容乃大"当作人生信条。但也不是什么都学，看什么都对，没有任何辨别能力，而是会"审问之"，就是在学习之前，反复追问自己，这些东西应不应该学。学完之后，还要思考学得对不对。还要"慎思之"，要有非常深刻的思考，比如学到的内容有没有道理，道理在哪里等。这需要处在学习当中的这个人能够"明辨之"，具备一定的辨别能力。要明辨所学的学说是否符合"大道"，是否对自己的成长有利，是否对人类的文明发展有利，而后把学到的知识践行下去，并且"笃行之"，坚定地持续下去。

"博学、审问、慎思、明辨、笃行"，这是一个人的学习成长之道，它能让人不愚昧，获得快速的成长和提升。它提醒学习成长中的每一个人，在学习的过程中先要有一个谦卑宽容的学习姿态，还要通过善问不断思考，对所学知识进行辨别，认真分析所学内容，甄选对自己成长有价值的内容，持续地学习并践行下去。

中国文化是让人独立思考的文化，比如《论语》里的"学而不思则罔，思而不学则殆"。不经思考一味地相信别人的文化和观点，就是一种愚昧。所以，判断一种文化的好坏，首先要看它是否允许他人进行思考。中国传统文化里的儒家、道家,以及佛家所宣扬的很多主张和智慧,是经得起他人的质疑,经得起人们的分辨,经得起检验的真理。这也是中国文化具有强大的生命力,绵延至今从未中断的一个原因。

"有弗学,学之弗能弗措也;有弗问,问之弗知弗措也;有弗思,思之弗得弗措也;有弗辨,辨之弗明弗措也;有弗行,行之弗笃弗措也。"这段话旨在提醒每一个开始学习的人,一定要有一个明确的学习态度:一旦开始对一个事物探究学习,就要踏踏实实、认认真真地学下去;在这个过程中产生了疑问,就要勇于追问,要问就问个明明白白;在追问的过程中,也会产生一些思考,既然有了思考,就要方方面面都思考到,把涉及的点想清楚;想清楚了就要进行辨别,一旦开始辨别,就要辨得明明白白;而后去做,一旦开始去做,就要踏踏实实、诚诚恳恳地去做。

实际上,任何人只要能够认真去学习一件事物,很难有学不好的;任何一件事只要能够认真去做,通常也能够做好。同时,在"做"和"学"的过程中,要不断追问自己两个"真":第一,真懂了吗?第二,真行了吗?如果这两个问题的答案都是否定的,就很难把这件事物学懂、学透,也很难把一件事做成、做好。

"人一能之，己百之；人十能之，己千之。"总有一些人抱怨自己的家庭条件不好，既然不能选择，那就用更多的努力学习做事。别人用一份力量做的事，我就用百份的力量去做；别人用十份力量做的事，我就用千份的力量去做。"天行健，君子以自强不息"，尽心竭力地学，竭尽所能地做，带着这样的态度学习做事，才能"虽愚必明"。一个人即使天生资质不是很好，也能在不断的努力中变得越来越有智慧，让自己"虽柔必强"。

诚如圣贤所说的，人人都有大智慧，只是有的人开悟得早一点，有的人开悟得晚一点，但早晚都能开悟。如果天生笨一点，就用加倍的努力弥补它，坚持下去才能不断地成长起来，改变自己的生活，改变自己的命运。

/三十/
育人的本质

自诚明,谓之性;自明诚,谓之教。诚则明矣,明则诚矣。

所谓的"自诚明,谓之性",指的是一个人到达的一种状态。意思是,每个人的心中都有大智慧,一旦体证到它,体悟到它,人的内心就会变得清澈明了,对自己的人生以及生活的宇宙空间洞悉得清清楚楚。此时,这个人所呈现出来的状态,就是一个人固有的天性状态。

为什么现实中绝大多数人呈现出来的状态,是昏昏昧昧、稀里糊涂的,说话办事总不在点上?这是因为他们内在的智慧已经被世间的诸多纷扰蒙蔽,导致他们无法找到,也无法体会智慧的存在。只有通过修行和不断地学习,知行合一持续地实践下去,才能体悟到自我人性中本来就有的大智慧，这个过程"谓之教"。

这里的"教"，是教育，是实现"自明诚"的途径和方式。中国传统文化中所谓的真正的教育，是通过各种手段启发人觉悟的过程。在这个过程中有两个重点：一个是智慧，一个是德行。现在有很多学生，学了一堆公式，背了一堆单词，也掌握了很多可以谋生的技能，这些东西只能叫"知识"，和智慧不一样。智慧是让人融会贯通的"道"，是为人处世的圆融中道。即便这些人技能学得特别好，如果没有良好的品行和健全的人格，不懂得任劳任怨，不懂得克己奉公，更不懂得"君子务本"，那他们所获得的教育，就算不上真正意义上的教育。

真正的教育，要从人的德行和智慧两个方面去努力，去改变。一旦有人在受教育的过程中找到了自我本性中的大智慧，则"诚则明矣"，这个人就拥有了洞若观火的通透、灵灵觉觉的感知，也就能够对世间万物清楚明了。此时，他所呈现出来的状态，就是"诚"的。

换言之，一个达到了"诚"这种状态的人，一定是证悟了内心大智慧的人，而这样的人也一定是"明"的。我们可以把"明"理解为觉悟，也可以把"明"理解为清晰明了。而"明"了的人，也就能够体悟自我心中的大智慧。

/三十一/ 至诚的本质

> 唯天下至诚，为能尽其性；能尽其性，则能尽人之性；能尽人之性，则能尽物之性；能尽物之性，则可以赞天地之化育；可以赞天地之化育，则可以与天地参矣。

这里所谓的"至诚"，就是真正把内心的大智慧体证了的状态。一个人把自我内心的大智慧找到并体证了，就"能尽其性"。此时，他会把人性里所有美好的品德都呈现出来，把他的道心呈现出来，他的人生也就圆满了。换言之，找到自己"道心"的人，才是真正的"人"。中国文化语境中的"人"，不是我们现实中的芸芸众生，而是"至诚"的人，是克服和超越了人性的弱点，展现人性光辉和力量的人，是用"道心"超越了"人心"的人。这样的人，能"尽人之性"。

《中庸》的人生感悟

孟子有一个比喻，他说："人之所以异于禽兽者几希，庶民去之，君子存之。"人和动物的区别实际上是很小的，仅仅在于人具有"仁义道德"这些美好的品德，而这些美好的品德是由人的"道心"生长出来的。所以，追求人格的圆满，一定是"至诚"的，"至诚"就是人的"道心"，或者一个人智慧和德行的圆满。一个人的智慧和德行圆满了，他这个"人"才能圆满。此时的他，才能算得上终极意义上的人。

《中庸》里有个逻辑，认为"能尽人之性，则能尽物之性"，为什么？人心就像一面镜子，外在的世界是什么样子，在人心这面镜子里展现出来的就是什么样子。要想把外在的世界看得清清楚楚，就得确保人心这面镜子上没有灰尘，镜面保持着非常清亮的状态，而内心清亮的状态就是人的"道心"的呈现。当人的"道心"被各种欲望和杂念蒙蔽时，也就如同这面镜子被蒙上了灰尘。此时，这个人心里所呈现出来的外在世界，也就不能清澈透亮。只有把蒙在镜子上的灰尘打扫干净，他才能看清世间万物，才能把外在世界看得清清楚楚。他的这个状态就是"能尽人之性，则能尽物之性"，而后"则可以赞天地之化育"。

所谓的"赞天地之化育"，其实就是成全万物。举个例子，中国传统文化里的好孩子，是那种天生喜欢读圣贤书，可以为中国文化扛文脉，为人类文明续慧根的孩子。这样的孩子，特别喜

/三十一/ 至诚的本质

欢读书，特别喜欢思考。当他想要成为一名学者时，他的父母如果特别虚荣，特别希望他光宗耀祖，就会不断地泼冷水，并改变他的意愿，要他考公务员，要他从政。

如果这个孩子在父母的要求之下考了公务员，而他的天性是学者的材料，他往往会由于工作选择不符合他的天性，做得不是很好，内心不快乐。这是他父母"人心"里的欲望的呈现，把孩子当作了实现自己愿望的工具，当作了光宗耀祖的工具，当作了未来炫耀的资本。与之不同的一类父母，是有"道心"的父母，他们会把孩子视为独立的个体，让其能够独立发展内心，也能尊重并支持孩子个性的发展，成全孩子的想法。

一个人如果按《中庸》的标准把"道心"修出来了，内心只有美德和智慧，他就会按照宇宙万物的本性成全万物，这就是"能尽物之性，则可以赞天地之化育"，真正的领导者就应该修出这样的状态。一个人只有不断使自己的私心变少，才能在处理事务的过程中，不从自己的欲望和贪念出发，才能够"大道之行也，天下为公"。到达这种境界的人，在用人的过程中，也能真正做到"人尽其才"，完全按照每个人的本性，提供合适的平台，让每个人都能展现出人生的精彩，这就是"赞天地之化育"。

"则可以与天地参矣。"一个人如果做到"天下至诚"，"道心"超越了"人心"，他人性的那份圆满，就会带来德行和人生的圆满。一个人修到这个境界,已经没有了和世界的分别心,可以照天照地,可以成全万物。此时,他的人心和天地万物融为一体,也就是庄子所说的"天地与我并生,而万物与我为一"的人生境界。人与自然的关系从来都是相互化育、相互发展的平等关系,人类不该以自我为中心,为了获取自己的利益盲目征服,掠夺自然。

一个人真正做到了内心很干净、很清净,就能够认识到宇宙演化的规律,认识到自然的规律,认识到花花草草和每个小动物生育和发展的规律。这样的人才能"赞天地之化育",真正实现成全万物,化育万物,与宇宙万物融为一体,"宇宙即我心,我心即宇宙";才能够按照事物自身的规律,推动世界的发展,达到人与自然的和谐共处,还人间一片净土。

/三十二/ 专一对成长的意义

> 其次致曲，曲能有诚，诚则形，形则著，著则明，明则动，动则变，变则化，唯天下至诚为能化。

如果一个人的天性特别好，他很容易就能达到"至诚"的状态；可是大多数人的天性没有这么好，他们天生的智慧就比天性特别好的人弱一些。对于后者，《中庸》给出了一个可供参考的修行方法，即"其次致曲"。这里所谓的"致曲"，就是攻其一点，并深入钻研下去的过程。"其次致曲"，就是让天性智慧弱的人"一门深入"，专其一点地学习实践。

实际上一般人很难达到圣人的那种状态：事物一看就通，道理一参就透。圣人天生就是有觉悟能力的人，或者有大智慧的人。普通人没有这种智慧,那也没有关系,找到自己擅长的或者自己感兴趣的事,全身心地思考钻研,心无旁骛地实践,并持续深入下去,慢慢也会取得一点成就,让自己的人生呈现出不断向上的趋势和状态,这个状态就是"诚则形"。

如果还能够在这个状态之上,继续深入下去,那么人生的发展状态就会越来越好。此时,他所获得的成就会变得显著,即"形则著"。如果他还能继续顺应着这个良好的势头,再次努力往前探索,在某一个领域的钻研达到一定程度和高度,他的成就会更加显著和突出。此时,他所呈现在世人面前的状态就是"著则明"。

当一个人能够呈现"著则明"的状态时,他的智慧变得通达,于是"明则动"。这里的"动",包括两个方面的内容:一个方面,是针对他自身的。就是集中在一点上全身心地投入进去,不断地学习思考,以及不断地实践,到了一定程度,人也就通达了。此时,他的身心都会随之发生变化。另外一个方面,是对他人的影响,实际上就是对周围的世界产生影响。一个人"动"了,也就表示他的修为达到了一定程度,达到这种程度的人,很容易用自己良好的状态感染或者启发别人,带动更多的人从他的身上受益,开始由"自利"转变到"利他",这就是"变则化"。

"唯天下至诚为能化。"就是一个人达到了至诚的状态,他才

/三十二/ 专一对成长的意义

能真正地影响世界，化育万物，感天动地。这是《中庸》提出的一个普通人修行的逻辑，也是给人们的一个启示：一个人如果没有大智慧不要紧，勇于承认这一点，并找到生命中擅长的事，或者有兴趣的事，一门心思地深入下去，带着"至诚"的信念，一心一意钻研，一点一点积累，慢慢也会让自我的身心发生良性的变化。如果他的自我境界和格局都有了显著的变化，他就能吸引感召更多的人产生变化，从而影响周边生存环境的改变，让社会风气变得越来越好。

《中庸》这个修行的逻辑，对人的帮助是非常大的。我认识英国剑桥大学的一个物理学博士，他物理学水平特别高，已是世界殿堂级的专家。他追求物理学专业水平不断提高的过程，其实就是《中庸》所说的"致曲"的过程。有一次，他跟我分享说，起初他读《道德经》《中庸》《论语》等中华经典是读不懂的。他在物理学科中由微观物理入手，一个理论接一个理论地钻研下去，达到一定程度之后的某一天，打开《道德经》再读时，他居然一下子通透了。其后读《中庸》《论语》等中国经典的著作，也能读出其中的道理。其后，他通过持续探索钻研，对物理这门学科的研究更为透彻，于是就由"曲"则"诚"，由"诚则形"，再由"形则著"，而后达到"著则明"。此时，他再看其他门类的著作就可以"触类旁通"。

《中庸》的人生感悟

人这一辈子，如果能够做到对每一个学科圆融，就是世人眼中的天才。普通人很难做到这一点，也就不要好高骛远，而是先选择一条适合自己的道路，沉下心来集中在一个门类上，攻其一点，制心一处，专心致志并持续钻研探索下去，同样也会取得不错的成就。当钻研到达一定程度，也就能一通百通，成为世人眼中不可多得的贤才。

/三十三/
至诚才能预知一切

> 至诚之道，可以前知。国家将兴，必有祯祥；国家将亡，必有妖孽。见乎蓍龟，动乎四体。祸福将至：善，必先知之；不善，必先知之。故至诚如神。

"诚"这个字在《中庸》里的意思与今天大众的普遍认知有所不同，是指一个人内在清净的状态，而"至诚"就是一个人内心排除杂质，心灵净化到相当高度的状态，已经达到了纯善纯美的境界。《中庸》认为，一个人一旦达到了"至诚"的境界，便可以预知未来。这不是迷信，而是《中庸》的一个逻辑。《中庸》认为当一个人内心非常清净，没有杂质的时候，他对社会中的很多细节和现象就会看得比较清楚，就像前文所说，外在自然界的一切都能在这个人心灵的镜子里清晰呈现。这样的人，通常在大雨滂沱之前便已预知，并早早找好地方躲避；在风起青蘋之末，事情刚有那么一丁点苗头时，就已经看到了事情发展的方向。

一般来说，一个国家即将兴盛之际，往往会显露出一些吉祥的征兆。反之，一个国家走向衰败之时，社会上通常会出现一些奇奇怪怪的事和现象，这即是"国家将兴，必有祯祥；国家将亡，必有妖孽"。这是有一定道理和规律可循的，试想一个即将兴盛的、蒸蒸日上的国家，其整体的精气神必然是清爽的、积极向上的。回顾历朝历代的更迭过程，便可发现一些端倪：当国家蒸蒸日上的时候，其领导者往往能够做到励精图治、发奋图强，民间百姓的精神面貌也会为之振奋，上下同心，众志成城，使国家呈现出祥瑞的征兆，即"必有祯祥"。反之，当国家逐步走向衰亡的时候，民间呈现出来的精气神必然微弱，老百姓的德行也会因此受到不好的影响，人与人之间守望相助、互相帮扶的风气逐渐淡漠，乃至严重到人人自危、相互迫害的境地。此时，国家所呈现的状态必是衰败之相，而这些不同寻常的现象就是"妖孽"。

"见乎蓍龟，动乎四体。"一个国家的未来发展，从观察蓍草、龟甲这些自然界的事物，以及老百姓的各种行为，便可得到一些信息。原本"蓍龟"是《周易》里用来打卦占卜的工具，《中庸》只是取其意象，其根本目的是想告诉人们，要想判断国家未

/ 三十三 / 至诚才能预知一切

来的吉凶，或者要想知道一个国家的状态，就要走到社会中，观察老百姓表现出来的状态。

一般来说，一个人呈现出来的表象源自他内心的状态，当社会没有希望，老百姓心里感到绝望时，他们所呈现出的表象，就会是绝望的、紧张和压抑的，或者是痛苦的。反之，当他们感受到社会是稳固安全的，他们所呈现出的表象往往也是与人为善的、自信且祥和的。所以，更深层次地探究人的表象，也是探究社会的动态的方式之一。

当一个人已经达到至诚的状态时，他的内心是非常清醒的，整个人也是非常通达、通透的，判断问题、看待问题就会犹如神助般敏锐。一旦社会或者某个人有祸福降临，他通常能够通过一些现象判断出来。这就是"祸福将至：善，必先知之；不善，必先知之。故至诚如神"。所谓"山雨欲来风满楼"，很多事情并不是突然发生的，而是在这之前就已经风声四起，随后一步步走向极端，是一个渐进的、有因有果的过程。既然预知了因，就要有所防范。否则，没有未雨绸缪的筹划，等事情严重到一定程度再采取行动，往往会陷入悔之晚矣的被动境地。

《中庸》在这一章节中给我们最大的启发，就是保持内心的清净很重要。当人的心里越清净，所受的干扰往往就会越少，对事情的预判就会越准确。比如，商纣王如果能做到"至诚"，就不会有那么多欲念扰动他的良知，使他戕害了老百姓，以致伤害到了社会的根本。如果他能保持"至诚"，当社会出现一点不好的苗头，他就能敏锐地捕捉到，并马上采取措施进行校正，而后励精图治逐渐把国家带入正轨。可是他内心欲念太多，通常还是荒淫无道的、残暴的，他的心灵已经被完全蒙蔽，他根本看不到现实社会中的问题。当武王兵临城下的时候，他才知道大难临头，不得不在鹿台自焚身亡。

"至诚如神"，就是给人们这样一个很好的提醒。只有力求内心的清净，才能在生活中尽可能排除各种干扰，让自己拥有一双慧眼，洞察纷繁复杂的社会。在风起青蘋之末时，便可窥得端倪，防微杜渐，防患于未然。

/三十四/ 启发内在成为贤者的动力

/三十四/
启发内在成为贤者的动力

> 诚者自成也,而道自道也。诚者物之终始,不诚无物。是故君子诚之为贵。诚者,非自成己而已也,所以成物也。成己,仁也;成物,知也。性之德也,合外内之道也,故时措之宜也。

《中庸》在这个章节对"诚"做了进一步描述,再一次为我们阐释了一个深刻的道理。在中国文化里,一个人走向觉悟、走向净化的方式,不是来自外部强迫的力量,而是来自人自身的能力,叫"诚者自成也"。比如,一名学生不甘于平庸,无论他天资如何,一旦发愤图强,往往也能干成一番事业。反之,"哀莫大于心死",如果一个人根本就没有什么追求和抱负,也没有人生的使命感,无论外在的力量怎么努力启发他,他也难以有好的改变,"诚者"必然要"自成也"。

就像宇宙大道的运行，没有人让它这样运行，也没有人有能力让它不这样，"而道自道也"，因为它本来就这样。比如，孩子被培养到一定程度，具有一定的是非判断能力，能自己管好自己，并带着抱负、情怀和使命，让自己这一辈子过得非常有意义。孩子觉悟变化的过程，靠的不是外来的力量，而是他自动自发地驱动，这样的教育是成功的，是"道自道也"。

中国传统文化始终认为，觉悟的人是自己想觉悟，大道的运行是事物本身的自我要求，并非外在的神秘力量促动。同理，现实生活中那些真正好的管理也是如此，当企业里每一个员工都非常清楚自己的本分，并把事情做到极致时，企业所呈现出来的状态会是积极的、向上的，是"诚者自成也，而道自道也"，是可持续向前发展的。反之，如果员工离了领导者什么也不会干，这个企业的发展也就堪忧，难有持续发展下去的希望了。

"诚者物之终始，不诚无物。"意思是一件事情从开始到结束，一定带着"至诚"的心去做，不能应付。比如，一个人想当公务员，从考取公务员资格的那一刻起，就要保持一颗"至诚"的心，立志为人民奉献一辈子，才能圆满地完成这一生作为公务员的使命。反之，嘴上说着为人民服务，暗地里想着升官发财，就会"不诚无物"，往往是做不好事情的。如果贪欲贪赃枉法，很有可能陷入家破人亡的悲惨局面。所以，带着至诚之心做某件

/三十四/ 启发内在成为贤者的动力

事，并一以贯之地践行下去，才是做成事、做好事的根本条件。

"故君子诚之为贵。"君子格外看重这种诚心诚意的品德，他们坚持做实事、说真话。我认识河北某地方的一个作家，她出自传承几百年的大家族，这个家族的门风以"诚"见长。这个作家小的时候家里很穷，有一次她为了吃东西对父母撒了谎，她父亲知道后，把她拉到祖宗祠堂的牌位前跪下，要她反省为什么撒谎。

她跪了整整一个上午，由于跪的时间太长了，双腿失去了知觉。她想站起来时突然栽了下去，头一下子碰到香炉上，眉头上磕出一个月牙一样的豁口，满脸是血。她父亲给她包扎之时，意识到她的脸上会留疤，虽然满心疼惜，却仍然在包扎完之后告诫她，为人要诚，要永远记住脸上这个"记性疤"。

这个"记性疤"就这样留在这个作家的脸上，可她没有埋怨自己的父亲，并且每每想到父亲那句话，都能在做人做事时，以"诚"对之。后来，她为自己的家族著史，发现其几百年兴盛不衰的关键，就是得益于这一"诚"字，即"君子诚之为贵"。

无论是一个组织，还是一个人，做任何事都要谨记一个"诚"字。把"诚"作为自己人生的信条，才能"诚者，非自成己而已也，所以成物也"，就是人在升华自己的过程中，成全了自己，也成全了别人，成全了这个世界。中国文化讲的修为，是内圣外王，先成就自己，再成就他人。在成就他人时，再反过来"成己"，从而成就更好的自己。

"成己，仁也；成物，知也。"这里所谓的"成己"，就是升华自己的境界和德行，是人们净化自己、升华自己的一个过程。"成物"就是为众生服务，为社会造福。"知也"，就是人的大智慧。所以"成己"是"仁"，"成物"是"智"。在这里《中庸》为我们指出两条路：一条路，是完善自己德行和人格的路，在这条路上的我们要不断净化自己、升华自己，这是内求的一条路；另一条路是向外求取的，要为众生服务，为社会造福。实际上这两条路就是成全自己和成全别人的过程，即"性之德也，合内外之道也"。就是人要把内圣和外王结合起来，才能更好地为人类造福。

懂得这个道理之后，还要"故时措之宜也"。把自己修好了，还得择定契机，才能为众生造福，学会针对不同的场合、不同的人，以不同的方式启发、帮助他人。比如，一个人想要弘扬中国传统文化，就得思考中国传统文化的一些内容要求，与今天人们从网络上接收到的信息是否一样。否则，在弘扬传统文化的过程中，不仅没有影响到别人，还有可能遭到莫名的围攻，这就是没有把握好时机。

真正好的东西，一定要在最恰当的时间，以最恰当的方式送给别人。家长教育孩子，要把孩子培养成这样的人——自己有意愿成为了不起的人。成为觉悟者，还是成为一个什么样的人，应是他内心驱动使然，而不是外来的力量让他怎么样，他才怎么样，这就本末倒置了。

真正的觉悟者，一定是知道自己的使命和责任，能够过好自己人生的人。

/三十五/
持续下去才能改变

> 故至诚无息。不息则久,久则征,征则悠远,悠远则博厚,博厚则高明。博厚,所以载物也;高明,所以覆物也;悠久,所以成物也。博厚配地,高明配天,悠久无疆。如此者,不见而章,不动而变,无为而成。

这一章节主要讲述了修成"至诚"这个状态需要的进程。它是怎么递进的,又是如何深入下去的,《中庸》逐一作了描述。首先,《中庸》指出了这条修行之路的漫长,"故至诚无息",就是追求至善纯美的道路是没有尽头的,或者是一个人不断净化和升华的道路是没有尽头的。比如,《西游记》中孙悟空修行时的法号是孙行者,这个"行者"就是一个隐喻。任何一个人,一旦内心生起一种不甘堕落、不断向上升华的愿力,当他走在彻彻底底觉悟的道路上时，便是"行者"。所以，这个"行者"，不仅是喻指孙悟空及整个取经团队的，也喻指了现实生活中的每一个人。

如果把彻彻底底的觉悟，当作人生修行的终极目标，要想实现这个目标，必须"不息"，"不息则久"，无论做什么事都能有持久的耐力。比如，一个人少年时，立志要当一名科学家，长大了却想当程序员；而他进入社会以后，又想成为一名公务员；再过一段时间，他就有可能彻底不知道自己想做什么了，这当然是不行的。"不息则久"，追逐梦想的道路本是一个持续恒久的过程。

当一个人开始持续不断地追求人性的升华和净化时，就该"久则征"了。"征"是什么？是一个人开始能够表现出来的人生不断向前、不断升华自己的状态。那么，现实生活中如何修出这种状态？给大家分享一个例子。

有一次课上，我曾告诫学生，一个人只有与人为善、设身处地地对别人好，才能换来人际关系的改观和稳固。事后不到一周，就有一个学生告诉我，他按我说的做了，但没有什么效果。

我经过一番细致了解才知道，他们宿舍六个人，他跟每个人关系都处得不好，他也知道是因为自己太过自私。听了我的课以后，他开始尝试着处处体谅其他同学，也尽量不以自我为中心，但几天过去了，发现根本没有效果。所以，他再次向我寻求帮助，想找到其中的原因。

我给他打了一个比方，我说农民种庄稼有个过程，想要吃上玉米，就要等到初夏时小麦收割完再去播种，三四个月后的秋天才能收割。这个学生很聪明，经我这么一说，马上意识到自己的错误，知道是他自己太急功近利了。

我再次提醒他：你经常做事不考虑别人，比较自私，已经在别人心里留下了不好的印象。要想让他们由不喜欢你变成喜欢你，你得先把他们心中原来那些不好的印象抹除掉，重新给他们播下友善的"种子"。这个过程也是很漫长的，也许整个大学四年的时间，你那些善意的行为都不会被人理解，甚至被认为是装样子，这都是正常的。

有因就会有果，"久则征"，持续下去你的真善，身心起变化了，潜藏于内心的那些美好的德行就开始渐渐显现。此时，你的"自我"得到了升华，善的特征也就显现出来了。这还不够，"征则悠远"，你还要继续做下去，成果慢慢变得厚重，也就是"悠远则博厚"。再持续修行下去，就能够"博厚则高明"。这时候你内外的通达就出来了，又能有几人会不喜欢通达的人？

"博厚，所以载物也。"就是当一个人的德行修到了非常厚重的状态时，被人招惹或者冒犯了，他是不大介意的。同时，当别人需要他的帮助时，他也不会不耐烦。"高明，所以覆物也。"这

/三十五/ 持续下去才能改变

里的"覆"就是覆盖,"覆物"就是覆盖万物,其实就是包容。一个特别有智慧的人,会理解别人,包容别人。我一直认为,在文化上,只有高层次的文化,才能包容低层次的文化;在为人上,只有君子能包容小人。如果反过来,要小人包容君子,是很难实现的。

"悠久,所以成物也。""成",是成全,或者说是化育,懂得了成全万物,才能化育万物。但化育万物需要时间,人不太可能听了一位具有大智慧人的一场讲座之后,就能立即洗心革面,成为圣贤,而要经过很长时间的实践,才能从身心到行为发生变化。所以,弘扬中国文化不是终极目的,终极目的是化育万物,让社会变得更好,让每个人的生命变得更有觉悟、更有智慧、更有德行。我特别呼吁,我们这一代的教育工作者,要多讲一些中国文化,为中国新生一代培育出丰厚的土壤,把中华民族几千年最璀璨的智慧播撒下去,当他们成长起来之后,才能为人类的文明做出更大的贡献。这个过程是漫长的,是"悠久,所以成物",要持续不断地做下去,让受教育者学会用智慧和德行化育万物,才能让世界变得越来越好。

"博厚配地。"大地承载着万事万物的生死轮转,山川河流、花鸟鱼虫、飞禽走兽……莫不是生长于土地之上的,而在天地之间,只有"博厚"才能与之比拟。与之相对应的是"高明配天",

形容人的智慧特别高远博大，如同苍天一样无穷无尽，悠远长久。当一个人的德行和境界修到了"博厚配地，高明配天"时，他也就"悠久无疆"了，达到这种状态的人，就能"不见而章"。

　　能够"不见而章"的人，心里没有自私，已经到达了至善纯美的境界。他们的德行是由内而外自然而然地散发出来的，没有了自己的痕迹，举手投足之间展现的都是大公无私。他们全心全意为大众服务，不需要跟自己做任何思想斗争。他们是整个世界和社会的表率，起到了很好的指引和化育的作用，而且这种作用不着痕迹，润物于无声之中。

/ 三十六 /

诚的精神内核

天地之道，可一言而尽也：其为物不贰，则其生物不测。天地之道：博也，厚也，高也，明也，悠也，久也。今夫天，斯昭昭之多，及其无穷也，日月星辰系焉，万物覆焉。今夫地，一撮土之多，及其广厚，载华岳而不重，振河海而不泄，万物载焉。今夫山，一卷石之多，及其广大，草木生之，禽兽居之，宝藏兴焉。今夫水，一勺之多，及其不测，鼋鼍蛟龙鱼鳖生焉，货财殖焉。

《诗》云："维天之命，於穆不已！"盖曰天之所以为天也。"於乎不显，文王之德之纯！"盖曰文王之所以为文也，纯亦不已。

"天地之道，可一言而尽也。"天地展现的道，用一句话就能说清楚了，那就是"其为物不贰，则其生物不测"。实际上关于这句话，不同的人会有不同的理解，而我对它也有一番不同的认识。我认为《中庸》是想以此告诉人们：人生活在天地之间，吃的、喝的、穿的，以及呼吸的空气，无不来自天地的给予，而天地对人却没有索求。它没有任何自我，完完全全是对人进行供养，这种无私无我，全然为他的圣人精神，《中庸》用"天地之道"四个字就概括了。

什么是道？它一定是无我的。孔子"知其不可而为之"，勇于放下鲁国大司寇代理国相的职务，放下自己优渥的生活去周游列国，只为改善礼崩乐坏的社会现状。还有历史上那些伟大的人，他们放下生命，杀身成仁，以换得天地正道、人民大义，这就是"天地之道"。他们全然无我，把自己完全放下，真诚地服务大众，为众生打拼，就是"天地之道"，是"一言而尽，为物不贰"。而所谓"不贰"，就是指没有任何杂念，彻彻底底放下小我，超越小我，一心一意成全万物、化育万物的境界和胸怀。

所谓"其生物不测"，是指天地所生养的事物是无穷无尽的，它毫无保留地把自己供养给众生。这里的"生物"，是成全、供养万物；"不测"是无穷无尽，不可计量。天地总是无怨无悔、完全无私、毫无保留地把一切贡献出来供养众生，这是它的德行和境界。

这到底是一种什么境界？"博也，厚也，高也，明也，悠也，久也。"它既博大，又厚重；既高大，又智慧通达，并且永永远远、长长久久地遍布于宇宙之间。人们要向天地学习这种境界和智慧，学习它彻彻底底把自己供养给众生的无私奉献精神，就像中国历史上那些在危难时刻以牺牲自己来保全国家的英雄们，他们是无我和利他的，是值得今天的每一个人学习的楷模。

"今夫天，斯昭昭之多，及其无穷也，日月星辰系焉，万物覆焉。"人们站在一个不太宽阔的地方仰望天空，所得到的仅仅是一点点光明；如果站在空旷的原野上再去望天，四周都将是明亮的；如果持续地往前，往更远处去看，必将看到一个更为广阔的天空，太阳、月亮以及我们生活的地球，都被无穷大的天空覆盖着、承载着。与之相对应的是，"今夫地，一撮土之多，及其广厚，载华岳而不重，振河海而不泄，万物载焉"。我们眼前看到的地，不过是一撮土，如果往远处看，它又非常广博。我们看不到它的尽头，它却承载着世间万物，山川河流、树木花草等无不生长于大地之上，无不被其滋养。

"今夫山，一卷石之多，及其广大，草木生之，禽兽居之，宝藏兴焉。"我们所看到的山，从小处看不过一堆像拳头那么大的石头而已；可从远处看时，它变得极其高大，包罗万物，有草木鸟虫，有珍禽异兽，还有无尽的矿藏等。接着，《中庸》由山及水再做论述，它说："今夫水，一勺之多，及其不测，鼋鼍蛟龙鱼鳖生焉，货财殖焉。"别看眼前的水好像不过一勺之多，实际上它浩瀚无垠，深不可测，就连鼋鼍、蛟龙、鱼鳖这些体型巨大的生物都被它生养。"鼋"是大乌龟，而"鼍"指的是鳄鱼。此外，还有民间百姓赖以发家致富的商品，如海盐、海带等等，无不是来自水里。

《中庸》在这里以天为开端，逐一进行剖析，为我们讲述了什么才是真正的"天地之道"。就像日月星辰被天承载，山川河流被大地包容，即使一座山、一条河流，也都毫无保留地供养万物，化育万物，这就是"天地之道"。从体量上来看，它们有大小之别；但从境界上来看，却无任何区别。

这可以引申到我们为人修道，一个人只要真正做到了无私无我，也就到达了天地之道的境界。大到国家的领导者，小到普通百姓中的一家之主，只要具有为养育天下万物，甘愿把自己奉献出来的勇气和精神，就符合天地之道。比如一个农民，只要能够种好田，孝敬好父母，养育好孩子，在维系好自己的家庭关系之外，还力所能及地照顾好周边的邻居，尽最大可能回馈社会，这也是天地之道。

在这里，《中庸》再一次强化了"诚"的精神内核，就是要求人们要"诚"，要真诚地一心一意地把自己奉献出去，化育众生。中国共产党全心全意为人民服务的宗旨，就是中国传统文化最核心精神的体现，也是一个极其伟大的宗旨。

其后，《中庸》引用《诗经》中的诗句，在解读中表达出自己的观点,"《诗》云:'维天之命,於穆不已!'盖曰天之所以为天也。"意思是天命和天道是那么庄严肃穆,它永远存在、永远在发挥作用。天之所以是天,就是因为它背后的道,我们称为天道的力量永远都在那里,自强不息且有规律地运行。"'於乎不显,文王之德之纯!'盖曰文王之所以为文也,纯亦不已。"就像周文王所拥有的德行和智慧,根本不用刻意外露,就能让人充分感受到他的境界之高。文王之所以被称为文王,那是老百姓对他的认可与颂扬。他由内而外的智慧和德行,已经如春雨般潜移默化着民间的百姓向上向好的方向发展,他无私地化育万物的精神,必将永远地存续下去,受到人们的尊重和学习,这即是"纯亦不已"。

人这一辈子核心的价值和意义,就是用自己的血肉之躯,供养社会,供养众生,这是天地之道。要想做成一番事业,就得学习这种天地之道,掌握其精神和智慧。如果真正掌握其精神内核,不仅自己这辈子会过得好,后世子孙几代都能跟着受到庇荫,正所谓"积善之家,必有余庆"。

《中庸》的人生感悟

/三十七/
不为己私方能超凡入圣

> 大哉圣人之道！洋洋乎！发育万物，峻极于天。优优大哉！礼仪三百，威仪三千，待其人而后行。故曰苟不至德，至道不凝焉。故君子尊德性而道问学，致广大而尽精微，极高明而道中庸。温故而知新，敦厚以崇礼。是故居上不骄，为下不倍。国有道其言足以兴，国无道其默足以容。《诗》曰："既明且哲，以保其身。"其此之谓与？

《中庸》在这一章节，为人们清晰地勾勒出一个完整的"圣者"图像，供人们敬重和学习；并可以此为坐标，或者以此为方向，充分挖掘不断自我成长的内在动力。在这个过程中，即使达不到《中庸》要求的境界，也要确定修养自己的方向，不断提高自我觉悟的智慧。

本章节第一句就盛赞圣人境界的伟大，他们智慧的光芒在宇

/三十七/ 不为己私方能超凡入圣

宙空间,在人类社会中,到处都能彰显出来,"洋洋乎!发育万物,峻极于天。"这里的"峻极",用来形容圣人的德行和智慧的高妙,就像天空一样高远;"发育"就是成全,就是让宇宙万物都欣欣向荣。一个人修到了圣人的境界,他的心中是没有小我的。此刻"宇宙是我心,我心是宇宙"。他和整个世界是共同体,任何人的悲欢,就是他的悲欢,国家和人类的苦难,亦是他的苦难。他真诚地为社会纾解困惑苦难,或者为人类活得更好努力,让宇宙万物都欣欣向荣。反之,一个内心非常自私,总是想着自己的小算计和小得失的人,是不太可能成全万物的,只有"圣人之道",才会成全万物。

"优优大哉!礼仪三百,威仪三千,待其人而后行。"那些伟大的哲人的智慧充足宽裕,仅掌握的大礼仪就有三百项,细的礼节也达三千之多。这些都可以用以庄严社会,或者庄严人生。这里所谓的"三百""三千",并不是具体的数字,而是表示数量众多的意思。旨在表达圣人悟出的道和智慧对人类非常有用,或者圣人创造的伟大的文化具有非常强的实践功用,只等后世中有觉悟、有抱负的人们去践行。

"故曰苟不至德,至道不凝焉。"一个人的德行不修到一定程度,他是没办法领会"道"的。实际上任何人都是能够领会"道"的,只是有的人心里装满了太多的东西,也就难以装下其

《中庸》的人生感悟

他的东西了。只要将心里那些乱七八糟的东西清理干净，让内心变得清净没有杂质，世界的状态才能在人的心里非常清楚地反映出来，也就能得"道"了，成为有"道德"的人。

什么事都想着自己，以自我为中心，特别自私的人，是不大可能成为圣人的。明代哲学家王阳明先生就曾指出，凡人想要"超凡入圣"成为圣人，最大的障碍源自心里的私欲。王阳明在这里所说的"私"，就是前文中所讲的充塞人们心灵的"杂质"和"灰尘"。所以，一个人把只为自己考虑的"私"减掉一些，他由凡人到圣人之间的障碍就会减小一些，他一旦彻底把"私"去掉，根本不再为自己考虑，一颗心里装的只有天下众生，也就实现了"超凡入圣"的转变。此时他所达到的境界，就是"至德"。

一个人达到了"至德"的境界，才能保持住他内心清净的状态，此时"道"就是他的"心"，他的"心"也就是"道"，他的心就像镜子一样，把外在的世界清清楚楚地映照出来。老子之所以在《道德经》中讲了道又讲德，就是因为真正有德行的人才能悟"道"，"至德"才能悟道。换言之，悟了"道"的人，一定是有德行的人，道与德行是一体的、是统一的。或者说如果一个人的德行不修到一定程度，他就悟不了"道"，也入不了"道"。

人这一辈子如果想要做成一番事业，一定是由德入手的。邵

148

/三十七/ 不为己私方能超凡入圣

逸夫先生受到世人的尊重，也是因为他的德行。他热衷于公益，为中国修建了六千多个教育项目，他以慈善的方式帮助了成千上万的人民，也因此成就了自己。"故君子尊德性而道问学，致广大而尽精微，极高明而道中庸。"就是要求一个人在修德的过程中，不断放下小我，清除心灵的杂质，这样才能超越小我，从而和这个世界融为一体，与天下的黎民苍生融为一体。

所谓"君子尊德性而道问学"，实则指出了人修为的两个角度：一是"尊德性"，德行要修得好，要让自己的心与众生融为一体，才能真心诚意地为社会做事；二是"道问学"，要有真才实学，一个人有真才实学，才能回报社会，才能更好地为众生服务，在实际工作中体现自己的德行和修为。所以，德行和学问要融起来和合一体。现实生活中，有的人学问很好却没有德行，那是不行的。反过来，有的人德行好但缺乏做事的能力，那也不是真正意义上的德行好。一个真正修为高的人，一定是德行和学问高度统一的人。

"致广大而尽精微"，就是当一个人的德行修到相当高的程度，就能"致广大"无所不包，"尽精微"无所不能。在这天地宇宙之间，没有他不懂的高妙道理，没有他处理不了的日常小事。一般而言，真正有智慧、有德行的人，不会坐而论道，更不会讲的时候头头是道，做起事来处处为难，甚至连一件非常普通的小事都做不好。有智慧、有德行的人，不仅可以把很多问题看得清楚明白，在实际的工作中也能把握好分寸，把问题处理得细致到位，这种人是"极高明而道中庸"。只有到达了"高明"的境界，拥有"高明"智慧的人，才是中庸的人。

"温故而知新，敦厚以崇礼。"这句话表面的意思是，如果一个人时常对已经发生的事，或者圣人说过的话进行温习，就会有新的发现，领悟到新的道理；一个把自己的德行修得非常厚重的人，也是非常注重礼节的。为什么"温故而知新"？这是因为"故"与"新"中间有"道"，"道"就是规律。当一个人不断地"温故"时，他便能逐步剥开包裹"道"的层层外衣，掌握其中的规律，从而更好地预见未来。

在现实生活中我们会发现，有一些人看问题非常透彻，通常在事情还没有发生之时，就已经做好了预案，人们通常把人的这种能力称作"神通"。其实，哪里有什么神通，那是这些人在"温故"的时候领会了"道"，抓住了可以预见的规律，揣测出了未来的发展趋势。

掌握了"道"的人，内在敦实而厚重，表现在外的是"崇礼"。把自己德行修得非常厚重的人，也是非常注重礼节的人。这样的人"是故居上不骄，为下不倍"，无论身处多高的位置，绝对不会张狂。

/三十七/ 不为己私方能超凡入圣

这不难理解，一个人的修为越高，他越能看到自己的缺点；他心里的自私就越少，内心的执念就会越少。这样的人不会去虚荣攀比，懂得设身处地地体谅别人。无论他生活得多卑微，生活多么艰难，也不会犯上作乱，因为他会反思自己哪里修得不好，而后通过自己的努力，不断改变命运。

有这样修为的人，"国有道其言足以兴"。在政治清明的社会环境下，他所阐述的道理或者言论足以令一个国家更加兴盛。而一旦"国无道"，政治环境不清明，"其默足以容"，他也会以沉默保全自己。其实，"国有道其言足以兴，国无道其默足以容"还有一层意思，如果一个国家政治清明，政治运作符合大道，往往能够容得下贤德的人。由贤德的人说出的道理、提出的建议必定令国家的环境更加清明，国家也能够兴盛。

接着，《中庸》引用《诗经》中的诗句"既明且哲，以保其身"进行佐证，这里的"明"，指的是一个人内在的智慧，而"哲"则是这个人所懂得的外在道理。在此，有必要纠正一种认知，"明哲保身"这个词语，它的本义实则为引导人们不要做无谓的牺牲。事实上，当一个时代的政治特别清明，允许贤才志士建言献策，自然能够推动着国家往前走。但是，当处于政治昏暗的历史时期，箴言良策可能会触动一些人的利益，如果贸然谏言，不仅不会被采纳，甚至会给自己埋下祸根，招致杀身之祸。

如此一来，既对整个国家产生不了正面的影响，又白白牺牲了自己的一条性命。

　　《中庸》描述的圣人状态，或许我们终其一生都难以达到。但是每个人应该有向上的追求，并以"尊德性而道问学，致广大而尽精微，极高明而道中庸"为目标，参照着它不断地修行自己的德行，赢得人们发自内心的尊敬。

/ 三十八 /

德位匹配的智慧

子曰:"愚而好自用,贱而好自专,生乎今之世,反古之道。如此者,灾及其身者也。"非天子,不议礼,不制度,不考文。今天下车同轨,书同文,行同伦。虽有其位,苟无其德,不敢作礼乐焉;虽有其德,苟无其位,亦不敢作礼乐焉。子曰:"吾说夏礼,杞不足征也;吾学殷礼,有宋存焉;吾学周礼,今用之,吾从周。"

这章也是以孔子的言论为引展开话题,孔子说:"愚而好自用,贱而好自专。"意思是很多愚蠢的人,喜欢刚愎自用;而一些卑贱的人,则喜欢独断专行。一般来说,一个人的胸怀有多大,格局有多大,他的智慧就有多大。如果一个人的智慧打不开,格局就很难打开,难免会自以为是,刚愎自用。同样的,越是层次不高、智慧不够的人,越容易听不得别人的意见,特别喜欢独断专行。

这里的"贱",是卑贱的意思,不仅仅是指身份层面的,也是指智慧层面的。一个人的身份卑贱,并不代表人就卑贱,如果能有海纳百川的胸怀,乐于承认别人的优点,也能够做到孔子践行的"三人行,必有我师焉"的谦卑,这样的人即使出身卑微,也同样值得人们学习和尊敬。比如汉高祖刘邦,虽然出身卑贱,但他善于发现并愿意肯定他人的长处。即使当了皇帝,身份足够尊贵,也能肯定他人长于自身的优势,这就极为难得。他说自己之所以能当皇帝,并不是他个人有多厉害,运筹帷幄决胜千里之外,他不如张良;定军心运粮草搞后勤,他不如萧何;攻城略地方面,他又不如韩信,他只是把这些有智慧的人用好了而已。

"生乎今之世,反古之道。如此者,灾及其身者也",意思是生活在今天的人,反而用古代的那些东西,这是会引祸上身的。其实这是孔子对待历史及传统文化的一个态度,同样给我们一个启示:我们学中国传统文化,一定要学习我们民族最精彩绝伦的智慧,学习曾经令我们民族生机勃勃的那种精神,不要过度纠结于那些形而下的具体的制度,也不要过分在意那些浮于表面形式化的东西。

《中庸》以孔子的这段议论作为引子,既表明了态度,也引出了自己的观点——"非天子,不议礼,不制度,不考文"。这

/三十八/ 德位匹配的智慧

段内容比较容易理解，如果不是天子，就不要去定那些事关国体的礼制、法度，包括考订政治文献等，这是天子应当做的事。无论什么样的人，什么身份的人，都应做符合自己身份的事，否则社会的秩序就乱了。比如，领导者不做领导该做的事，就不会受到下级的爱戴；普通的老百姓不恪守本分安于本职工作，总要讨论一些不切实际的事，这也很不合适。

从某个角度而言，这也是在呼应孔子前面说的，"生乎今之世，反古之道"的论调，就是身处当今之世，就该用今世的规则和方式处理问题。如今"车同轨，书同文，行同伦"，天下车子的轨道都一样了，文字也是统一的，连行为规范都一致了。在这样一个大一统的国家里，自然也应按照这样的要求行事。

"虽有其位，苟无其德，不敢作礼乐焉；虽有其德，苟无其位，亦不敢作礼乐焉。"如果一个人的德行和智慧不够，却处在很高的位置，他是无法为天下人做表率的，这样的人就不要随便发号施令了。与之相对应，有的人的德行很好，却没有居于正确的位置上，同样也不要为天下人制定规矩。总而言之，德和位必须匹配才行。

最后，《中庸》再次引用孔子的话进行总结："吾说夏礼，杞不足征也；吾学殷礼，有宋存焉；吾学周礼，今用之，吾从周。"这里的"杞"，是夏朝的后裔所在地——杞国。这句话的意思是我所说的夏朝的礼制，就连杞人也已经忘得差不多了，也就很难证实这个礼制是否合乎今世之人的要求；我所学的商朝殷礼，还可以到殷商后代的所在地宋国查证；我学习周期的礼制，在今天的很多诸侯国中仍有人使用。由此可知，周朝文化的很多内容是符合今人，也就是符合孔子当时的社会现实的。所以，孔子的态度就是"吾从周"，会遵守周朝的礼制。

《中庸》在这一章节，由人要德位相配的层面展开讨论，引申到国家文化建设方面的讨论，就是国家文化的建设要符合社会现状，一定要与社会的发展相适应。作为一个人，一定不要刚愎自用、独断专行，要有海纳百川的胸怀和智慧，也要德位相配。否则，有位没德，很难做他人表率，也就很难管理好一个地方、一个企业。同样的，有德不在其位，说出的话也算不得数，很难起到应有的作用。

我们学习中国历史，学习中国传统文化，一定要学我们民族核心的智慧和精神，让它在今天重新焕发出勃勃生机，这才是中华民族后代子孙应有的态度。在这个过程中，切记不能保守，不要"拿来主义"，照搬照用几百年甚至几千年之前旧的做法和制度，要用中国传统文化中那些最优秀的精神和创造力化育今天的我们，再创我们民族新的辉煌。

/ 三十九 /

尊重制度更要教化人心

三天下有三重焉，其寡过矣乎！上焉者，虽善无征，无征不信，不信民弗从。下焉者，虽善不尊，不尊不信，不信民弗从。

这一段文字主要是讲治国之道的。在治理天下的过程中，必须搞清楚三件大事：一个是礼仪，一个是制度，还有一个是文化。这三者之间有着非常严密的逻辑：首先，要用法律制度把人性的恶，或者人性的弱点约束住，让老百姓知道什么事能做，什么事不能做；其次，教导人们成为优秀的人，成为善良的人，成为有智慧的人；最后，在待人接物上，还应懂得一定的礼仪规范，要始终保持彬彬有礼的风貌，做让人心生愉悦的事。一个国家有制度，有礼仪，有文化，"其寡过矣乎"，它犯错误的可能性就会降低，国家就会稳固，国力就会增强。

"上焉者，虽善无征，无征不信，不信民弗从。"尽管过去某些朝代的制度历法还是非常不错的，但是由于年代久远了，现在没有办法验证。毕竟在很多时候即使一些所谓的圣人，也难以真正做到那些要求，也就很难让老百姓信服并沿用它们。实际上，这是非常自然的现象，就像今天的我们看《黄帝内经》，不可能完全按照书里面的规则行事，毕竟我们没办法回到几千年前中国先民的生活状态里验证，无法还原书中描写的场景，也就很难证实书中所言现象是否正确，更不可能完全按照它的说法执行。

与之相对应的是"下焉者，虽善不尊，不尊不信，不信弗从"。周朝初始，由周公旦等伟大的领导者制定的制度，确实有很多先进的地方，老百姓也愿意执行。只是到了春秋战国这个阶段，尽管这些制度还完整地保留着，老百姓却不再把它们当回事，各个诸侯国的君王们也不再拿这些制度当回事。人们不再相信它们，也没有人尊重它们，可见再好的制度，只要人心坏了，恐怕也起不到太大作用，国家往往也会因此走向分崩离析。

所以，要健全制度，尊重制度，更要教化人心，文化教育可以使人们懂得尊重制度，爱护制度，更好地执行制度。当一个社会能够把德行培养和法治建设有机地结合起来，政令才会更明晰，制度才能更有威信。

/四十/ 修成率先垂范的德行

/四十/
修成率先垂范的德行

> 故君子之道，本诸身，征诸庶民，考诸三王而不缪，建诸天地而不悖，质诸鬼神而无疑，百世以俟圣人而不惑。质诸鬼神而无疑，知天也；百世以俟圣人而不惑，知人也。是故君子动而世为天下道，行而世为天下法，言而世为天下则。远之则有望，近之则不厌。

《中庸》在上文指出了治理国家需要做好的三件大事，那么成全君子的君子之道又该当如何？当然不是简单地要求一个人做个好人而已，而是这个人的状态以及他的境界是否高于普通人。值得注意的是，这里所说的"君子"，是圣贤的同义词，而所谓的圣贤，指的是那些心灵净化到一定程度、升华到一定状态的人。他们为人处世时，能够做到"本诸身，征诸庶民"，这样的人做任何事，都能遵从自己的本心，从德行和智慧出发。并且，他们的德行和智慧，都能在老百姓那里得到充分认同。

仅仅在老百姓那里得到肯定是不够的，还需要"考诸三王而不缪，建诸天地而不悖"，君子的道不能背离尧舜禹等古代圣王的精神。这里《中庸》其实提到了对君子的另外一个要求，就是要符合古代圣王们制定的相关规范要求。

同时，还要"质诸鬼神而无疑"，符合自然规律。需要引起注意的是，这里所说的"鬼神"，不是传统意义的"鬼神"，而是人们看不见摸不着的"道"，这个"道"就是君子修行要达到的状态和境界。一个修得了君子之道的人，他的智慧和德行都是能够经得起世人考验的，他不仅"质诸鬼神而无疑，知天也"，即便是放到看不见摸不着的宇宙规律中去验证，也仍然能够立得住。因为他"知天"，他的所有外在行为都能符合大自然应有的规律，和宇宙大道一致。

此外，"百世以俟圣人而不惑，知人也"。君子修到一定程度以后，已经把人性研究透了，他们当时说过的话，被人们记录下来的言论，即使过了两千年，甚至两万年，或者更加久远的年代，也仍然能够让人理解，值得人们尊重和学习。因为他们的言行是符合宇宙大道的，而道和规则不会因为时间推移而发生改变，无论过去了多少年，它们都是一样的。因此，与其说我们尊重的是古代经典中的言论，莫若说我们学习的是从这些言论中渗

/ 四十 / 修成率先垂范的德行

透出来的对人性的透视和关照,对人性的思考,以及对自然规律的探索。

人类的历史不能推倒重来,它是在前人累积的基础上,由后世子孙一代代不断地扬弃,不断地升华,不断地超越着向前推进的。一个人如果懂得尊重并认真学习古代圣哲们的经典著作,就如同站在了巨人的肩膀上,那些内容所传递出来的对人性的思考,对问题的思考,已经达到了相当的高度和深度。好好地阅读和体会,不拘泥于某些具体的说法,抽离出最精彩的智慧,文明才能不断进步,这其实也是我们倡导弘扬中国传统文化的根本意义所在。

"是故君子动而世为天下道,行而世为天下法,言而世为天下则。"一个修到一定境界的君子,他所做的事是符合天下"道"的,他所遵循的规则是可为后代立法的,而他本人则成为可供世世代代人们学习的模范。比如,孔子在鲁国时,做到了大司寇代理国相这样的高位。当他的那些利国利民的政策遇到阻力,实施不下去的时候,他能即刻放下现有的一切,去周游列国。尽管他这一走经历了很多波折和磨难,却为中国的知识分子,乃至为人类的所有知识分子树立了一个典范,这就是"行而世为天下法"。孔子这样的贤者说出的话,句句在"道"上,也就"言而世为天下则",成为人们遵守的法则。

当一个人修到了这种境界和状态,"远之则有望,近之则不厌"。如果人们从远处来看他,会心生仰慕;走近了,不仅不厌,内心里还会非常喜欢,愿意亲近他。在现实生活中,别说接近超凡入圣的君子会让人心生欢喜,即使能和一个特别有智慧、有德行的普通人待在一起,也会感受到如沐春风般的温暖。在他们那里,每天都能受到启发,每天都会有新的觉悟,每天都能获得成长。

正是古代圣哲们通过一言一行,为世人树立起一个个伟大的典范,浇筑了我们民族生生不息的内在的力量源泉,才有了岳飞的"精忠报国",才有了文天祥的"人生自古谁无死,留取丹心照汗青",才有了林则徐的"苟利国家生死以,岂因祸福避趋之"……每个中国人,都应认真聆听、吸纳、学习中华经典,体会蕴含其中的中国文化的真精神,开创出中华民族的新文明。

/四十一/ 不要急功近利

《诗》曰:"在彼无恶,在此无射。庶几夙夜,以永终誉。"君子未有不如此而蚤有誉于天下者也。

《中庸》在这里引用《诗经》的诗句,旨在歌颂那些真正君子的伟大。"在彼无恶,在此无射。庶几夙夜,以永终誉。"是指那些放下了小我的君子,宵衣旰食为国为民打拼,会永远得到人民的仰慕和支持。天下所有的君子没有一个不是这样的,他们总是在为国为民的过程中,得到人民的肯定和拥戴。

《中庸》在这里道出了一个必然的因果关系,就是一个人的地位荣誉,以及历史对他的评价是"果",他勤勉奉献、任劳任怨为国为民是"因",如果他不这么做,就会"而蚤有誉于天下者"，不可能得到人民的赞许和历史的好评。

老子为人类的文明做出的贡献是有目共睹的，他创作的《道德经》，堪称世界文化史上影响力巨大的经典著作之一。蕴含其中的那些深刻的道理，影响着古今中外许许多多的人，受到古今中外很多伟大人物的推崇。俄罗斯的前总理梅德韦杰夫对其极为赞赏，西方也有许多像海德格尔这样的哲学家，对其仰慕之至，这其实是"果"。

老子的智慧和德行在民间广为传颂是"因"，《道德经》的问世是"果"。传说老子的《道德经》诞生于隐世的途中。当时他来到函谷关，遇到函谷关负责人尹喜。尹喜一直仰慕老子，担心老子隐居后他的智慧就此中断，于是建议老子把他的学说结集成册，以传世人。于是，一本集结了宇宙大智慧的文化瑰宝《道德经》就这样问世。尽管当时老子到底是迫于函谷关负责人尹喜的压力而作，还是自愿而为，因为时间久远无从考究，但可以肯定的是，当时的老子并非贪图大名大利，而是他的智慧和德行得到了民间百姓的高度认同和仰慕，才有了尹喜的求取，以至几千年后的今天，老子仍然得到人们极大的尊重，因此被后人称作道家的圣人。

在此，我也想提醒大家，如果没有为国家、社会方方面面做出那么大的贡献，就不要总想着出名。即使恰巧有了一点名声，

/ 四十一 /　不要急功近利

也要如履薄冰，经常反省自己的德行和修为是否匹配，这是中国文化所赞许的态度。

《大学》里有句话："知所先后，则近道矣。"就是凡事要讲究个因果，我们只有认认真真地提高自己，不断反思自己，才能升华自己的境界和智慧。如果这种境界和智慧影响了整个人类的文明，为人类谋得了福利，自然而然会获得后人的颂扬。年轻人千万不要急功近利，要踏踏实实从当下开始，付出多少汗水，就会有多少收获。

《中庸》的人生感悟

/ 四十二 /

学习万物并育的大智慧

> 仲尼祖述尧、舜,宪章文、武,上律天时,下袭水土。辟如天地无不持载,无不覆帱,辟如四时之错行,如日月之代明。万物并育而不相害,道并行而不相悖。小德川流,大德敦化,此天地之所以为大也!

《中庸》通过对孔子本人状态和境界的描述,再次为世人树立起一个真实的、可追求的典型形象:"仲尼祖述尧、舜,宪章文、武,上律天时,下袭水土。"意思是孔子学习和发扬光大了尧、舜、文王、武王的德行、智慧和精神。并且,他对上天运行的规律有很深的体悟,也能遵循地理环境的规律。"辟如天地无不持载,无不覆帱",他的智慧和精神就像天地那样,什么都能承载,什么都能覆盖,无所不包,又无所不知。"辟如四时之错

四十二 学习万物并育的大智慧

行,如日月之代明。"也像时空的四时运转,日月之间的轮换一样自然。

"万物并育而不相害,道并行而不相悖。"中国文化的智慧之大,这两句话是很好的体现,意思是万物的生长都是共生的,而且不相妨害。由此可知,道与道之间,不同的文化之间,其实是可以并行的。没有必要互相谩骂攻击,共生才会有好的发展和未来。历史上两次世界大战造成无数人死亡,财富损毁,无端的血腥冲突和杀害罄竹难书。表面看来为利,为资源的掠夺,实际上是不懂得"万物共育而不相害"的道理。

道与道之间、文化之间是并行不悖的,互相尊重,互相爱护,互相包容,互相学习,这才是人类未来应走的路。"小德川流,大德敦化,此天地之所以为大也!"小的德行,就像小河流一样川流不息;大的德行,能够成全万物,化育万物。这是天地的胸襟和境界,无所不包,无所不容。这也是中国文化非常重要的一种精神,不排斥别人,要和而不同,有像大地一样宽广的胸襟,面对不同的文化都能爱护、尊重,都能学习、吸纳。中国文化博大精深,值得今天的我们尊重并学习。我们不仅要从中领会孔子的智慧,领会中国文化的精神,更应该站在人类未来的高度,树立我们的民族自信,担负起中华民族为世界应该担负的责任。

《中庸》的人生感悟

/ 四十三 /
把至圣的境界当成修身的目标

> 唯天下至圣,为能聪明睿知,足以有临也;宽裕温柔,足以有容也;发强刚毅,足以有执也;齐庄中正,足以有敬也;文理密察,足以有别也。溥博渊泉,而时出之。溥博如天,渊泉如渊。见而民莫不敬,言而民莫不信,行而民莫不说。是以声名洋溢乎中国,施及蛮貊。舟车所至,人力所通,天之所覆,地之所载,日月所照,霜露所队,凡有血气者,莫不尊亲,故曰配天。

《中庸》在前文中对圣人的状态做了极为细致的形象刻画。而在这一章中,《中庸》则讲述了圣人的另外一种状态和境界——至圣。所谓至圣,就是修为和境界达到了最高的圣人。这样的人会是一个什么状态?《中庸》在方方面面对其做了深入剖析。按照《中庸》或者儒家文化的说法,至圣就是心灵完全净

/四十三/ 把至圣的境界当成修身的目标

化,道心完全呈现出来的人。再进一步讲,这样的人把人性的弱点都去掉了,没有了内在的自私、偏狭、极端等,人性所有的优点都被他一一激发并呈现出来。

"唯天下至圣,为能聪明睿知。""聪"字指的是人的耳朵具有的能力,"明"是指人的眼睛具有的能力,"为能聪明睿知"的意思是一个耳聪目明、思想敏锐的人,即"睿知"的人。"唯天下至圣,为能聪明睿知",表面意思是指只有到达了至圣这个状态的人,才能做到聪明睿知,实际上是指那些学习能力强、学识广博的人,认识世界、观察世界的能力非常强大,他们能把所有事物看得清清楚楚,"足以有临也"。这里的"临"字,是居高临下的"临",那些特别有智慧的人看什么问题都有"会当凌绝顶,一览众山小"的通透,任何起心动念都难以逃脱他们的眼睛。

"宽裕温柔,足以有容也。"意思是至圣者心胸博大,足以海纳百川。一个智慧至大、境界至高、能容万物的人,其心胸必然博大,这是中国传统文化始终强调的精神,也是中国古代先哲们智慧的体现。这种智慧,足以使中华民族有能力化解其他外来文化的冲击并积极地从中汲取养分,滋养自我的成长和升华。

"发强刚毅,足以有执也。"至圣者做事情的时候,总是能够自强不息,并全力以赴地做到最好。这句话中的"执",强调的是人的专注能力,以及执着地坚守下去的力量。要想做成事,一定要"发强刚毅,足以有执也"。要像钉钉子一样,只有一直钉,持续地钉,才能钉得进去,钉得坚实。不要"叮叮当当"两下,在还没有钉进去之前就把斧头放下了,更不要以"忙"为借口。要"发强刚毅",自强不息,专注于当下做事的状态,把心神集中到一点上,全身心地投入进去,才有可能把事做成做好。

"齐庄中正,足以有敬也。"这句话是指至圣者外在的表现,他们外表庄重严肃,言行端庄中正,总是能够让人不由得心生敬仰。所谓相由心生,至圣者之所以外表庄严,实则源于他们内心足够庄严。

相传玄奘大师取经时经过一个较为原始的部落,这个部落每年要杀一个人祭祀他们的神,并且用以献祭的这个人,必须是特别庄严、让人仰慕的人,从而表达他们对神至高无上的尊重。

恰巧他们抓住了玄奘大师,在等待祭祀的过程中,玄奘大师始终保持着坦然自若的神态,没有丝毫的慌乱和不安。就在祭祀正式开始那一刻,一阵怪风袭来,刮得非常猛烈,部落里的人们一下子紧张起来,认为这是神灵怪罪他们要杀不该杀的人。转头再看玄奘大师,他依然保持着庄严肃穆的神情,恍若神仙下凡。于是,所有人赶紧跪拜下来,请求玄奘大师的原谅。

玄奘大师借机给他们讲了一番道理:你们敬拜的神,竟然需要别人的血肉来供养他,那就不是什么好神。修行比较好的人,

/四十三/ 把至圣的境界当成修身的目标

都不愿意看到别的生命被践踏，更不要说是神。千万不要被这样的"神"误导，要走正道，要以爱护生命、保护生命为自己的职责，你们的部落才能有好的发展。

一个人如果真正做到了"齐庄中正"，那种由内而外呈现出来的庄严，很容易让人对他心生仰慕和敬重，甚至连"天地"都能被他感动。

"文理密察，足以有别也。"这里的"别"，是指一个人的分辨能力。这句话的意思是，至圣者看问题不会错过任何细小的环节，并对每个很小的细节都能分辨清楚。他们的洞察力非常敏锐而精准，"足以有别也"。比如，别人向至圣者汇报问题时，故意隐瞒一些事实，把话说得有利于自己，这很难逃脱他们的眼睛。对方想表达什么，又想误导什么，至圣者是很清楚的，并且一下子就能看破。

"溥博渊泉，而时出之。"《中庸》提出了至圣者的两个状态：一个是博大，一个是深远。博大和深远，实则是一个人的智慧或者德行的展现。至圣者的智慧非常博大，无所不在，境界非常高深，并且随时随地都能展现在世人面前，应该在什么时候做什么事，以什么样的方式做什么事，他们都能处理得恰如其分。这里的"时"指的是至圣者的一种智慧，一个没有这种智慧的人，只是单纯地出于好心想做好事，是很难把握好时机和方式的，往往好心做了"坏事",从而遭到别人怨恨。这样的人的德行还不错,只是智慧不够,没有能力把一件好事做得圆满。能在恰当的时候,用恰当的方式,把自我想表现的"好事"做好,这是"时"的智慧。

总之,有至圣境界的人,智慧和德行的那份高远博大,会让他在恰当的时机,以恰当的方式表现出来,把好事做得圆满和周全。这样的人"言而民莫不信,行而民莫不说。"这种人一旦出现,老百姓都会很敬重他。他说的话,老百姓都会相信,因为人们知道达到那个状态的人,是不屑于撒谎的,他说出的话必定是"诚"的。他做的事,老百姓也是支持并乐于接受的,因为人们心里清楚,他做任何事都是为老百姓谋福祉的。

这样的人自然而然会得到人们的尊重,声名也就会一传十,十传百,"是以声名洋溢乎中国",以至于"施及蛮貊",他美好的名声被传颂到周边的国家或者其他部落。"舟车所至,人力所通,天之所覆,地之所载,日月所照,霜露所队,凡有血气者,莫不尊亲",凡是舟车所能到达的地方,人能走到的地方,天所覆盖的地方,地所承载的地方,日月能照到的地方,霜和露能够降落的地方,只要有血气存在的地方,没有人不尊敬他。德行和智慧到达这种至圣境界的人,无论在任何一个地方,都会得到人们发自内心的敬佩和尊重,这样的人"德配天地"。

/四十三/ 把至圣的境界当成修身的目标

　　实际上不是德行、智慧修得好一点，就可以匹配天地的，必须达到像天地一样毫无保留地将自己的一切供养众生的境界，才能"德配天地"。很多人认为中国文化要求的至圣的境界太高了，值得人们学习，却很难做到。其实至圣存在的意义，是为人类的前行提供一个坐标。

　　人这一辈子，总要有一个比较高的目标，指引自我人生的方向。我们可以把至圣的境界当成人生中的坐标，只要一天有一个小进步，就能在未来的某一天得遇全新的自己。

《中庸》的人生感悟

/ 四十四 /

发挥出内在觉悟的能力

> 唯天下至诚，为能经纶天下之大经，立天下之大本，知天地之化育。夫焉有所倚？肫肫其仁！渊渊其渊！浩浩其天！苟不固聪明圣知达天德者，其孰能知之？

这一章是用来歌颂君子或圣人的，为我们描画了一种非常高妙的至圣者状态——"唯天下至诚"。所谓"至诚"，就是极致了的"诚"。《中庸》里多次提到并强调"诚"对人、对事的影响，这是值得我们认真学习并思考的。

那么，"至诚"究竟是什么样的状态？就像我前文中叙述的那样，当一个人心灵这面镜子上的灰尘都被洗掉了，只剩下了锃亮干净的镜面，它就能清晰地映照外在世界的一切，一事一物均能清楚明了地在镜子上展现。换言之，当这个人把自我心性上的污点和弱点修掉，剩下一颗非常干净的真心时，他呈现在世人面前的则是中国文化里的"道心"。一个人向世人呈现"道心"的状态，就是"天下至诚"。

到达了"至诚"状态的人，才能真正体会并掌握"为能经纶天下之大经"。清楚治理天下的根本所在，也就能"立天下之大本"。真正懂得天下治理最基本的纲领，才能有成全万物的胸襟和能力，即"知天地之化育"。

做到"知天地之化育"，就具备了管理各种事物的能力。作为一个领导者，对万事万物都能恰如其分地以符合其自身规律的方式成全，这是很不容易的，需要非常高深的智慧，只有达到"天下至诚"状态的人才能做到。在这里《中庸》以一句反问肯定了这一点，即"夫焉有所倚？"就是除了修到"至诚"状态的人，还有什么样的人具有这种能力和智慧？换言之，只有追求"至诚"的状态，才是成全万物、治理天下的正道。

"肫肫其仁！渊渊其渊！浩浩其天！"一个人把心灵这面镜子擦拭得非常干净清亮，达到了"至诚"的状态，他的智慧和德行才会像大海一样深厚，像天空一样宽广。并且，"苟不固聪明圣知达天德者，其孰能知之？"能够对天地万物都能有所领悟的人，一定是聪明睿智且通晓天地大道的人。

那么，这样的"至诚"境界，是如何获得的？其实就是为人生做减法，减去人外在的障碍，减去人内在的污点。比如，要想车子开得快，就要走一条平坦的道路，还要顺着风向。如果这条路到处坑坑洼洼不平整，又刮着十二级大风，还要逆风行驶，也就很难把车开快。

人心的修行也一样，当一个人外在的障碍变少，他发挥出来的能量才会变大。这里我所说的"障碍"，是人性的弱点。比如，自私、偏见、狭隘等，去掉了这些弱点，人性里那些美好的德行才能显现出来。

历史上有些原本很伟大的君王，后来慢慢变得昏庸，表面看来是被身边的小人蒙蔽，实际上就是他们没有做到内心特别清净，无法让自己保持原本"诚"的状态，无法"尽人之性"，也就难以保持国家政治的清明。反之，假如他们能够保持内心清净，很快就会识破身边那些善于投其所好、奴颜婢膝的小人，让其无法走近自己，从而留住那些对治国有用的国之栋梁，国家就能长治久安。

总之，只有把人性里的弱点去掉，至诚的状态才能被完好地呈现出来，才能"为能尽其性"，就"能尽其性"。这里的"性"，就是人人都有的觉悟的天性，这也就意味着我们每个人都有觉悟的能力、成为大智慧者的能力。只要把内在觉悟的能力发掘并发挥出来，就能成为一个觉悟的人、至诚的人。

/四十五/ 君子风范的启示

《诗》曰:"衣锦尚䌹。"恶其文之著也。故君子之道,暗然而日章;小人之道,的然而日亡。君子之道,淡而不厌,简而文,温而理,知远之近,知风之自,知微之显,可与入德矣。

《中庸》引用了很多《诗经》诗句,因为《诗经》不仅仅是简单的一首首诗的合辑,更是蕴含着非常深刻的道理和智慧。如果简单地去读,就会流于字词句表面的意思,把它读浅薄了。想把《诗经》背后的神韵、意旨,或者蕴含其中的高妙的智慧解读出来,需要有很高的智慧,那是圣贤的智慧。

我们来看句:"衣锦尚䌹。""衣锦",是衣服穿得非常华丽的意思。"尚䌹",就是穿上棉麻的罩衣。这句话表面的意思是,在华丽的衣服外面套上棉麻的罩衣。为什么要这么做呢?"恶其文之著也"！就是君子不愿意把自己变得那么张扬，要在非常华丽的衣服外边套一件棉麻的罩衣，让自己看上去朴实低调一些。因为真正内涵深刻的人，不是很在意或者不愿意用外在的东西取悦于别人，他会更重视内在的德行和智慧。

就这样平实的一句"衣锦尚䌹"，《中庸》就把它深化了。接着它进一步深挖，"故君子之道，暗然而日章"。君子的修为看起来不张扬、不招摇，能够越来越受到人们的尊重。与之相反，"小人之道，的然而日亡"。小人就非常招摇，喜欢制造爆炸性的事件吸引眼球，但是随着时间的流逝，很快也就被人们忘记，被历史埋没了。

"君子之道，淡而不厌"，君子看起来很平淡，不是那么扎眼，可就是不招人讨厌，还能慢慢让人喜欢。他们不像有些人，总喜欢制造一些博人眼球的话题，以吸引他人关注。由于那些漂亮的语言华而不实，又言之无物，时间一长也就没有人喜欢这样的人了。君子与这些人完全不同，他们说的话很平实，但句句都在点儿上，句句都在道上，句句都能抓住真东西，别人只听他们说几句，就能有所收获，他们语言背后的内涵很深刻，这就是"简而文"。并且，"温而理"，他们语调温和，还非常有条理。

"知远之近"，君子永远懂得远是由近开始的。无论一个人的目标有多么遥远，都得从眼前开始，从当下开始，从一件一件小

/四十五/ 君子风范的启示

事开始，君子是懂得这个道理的。并且"知风之自"，他们看到社会风气有了不同于往常的表现时，马上就能洞察出其变化背后的原因。不仅如此，他们还"知微之显"，能够在很多事露出一丁点儿苗头时，就判断出未来这些事件的走向，防微杜渐，防患于未然。修为到这个程度的君子，"可与入德矣"，已经进入有道德的圣人境界了。

《诗经》中一句"衣锦尚䌹"，引发了《中庸》一系列的深刻探讨，如果没有圣贤的智慧做引导，这句话可能也就流于表面了。这为我们提供了一个读书的方法。我们读中国古代的很多诗词，包括历史，包括四书五经之类的经典，一定用"经"去读，会给自己一个不同的感受。历史看起来是由一个一个事件组成，但其背后都是大道的显现。如果想从历史里读出"道"来，需要具备很深的德行和很高的智慧。否则，流于故事表面，那就把历史读浅薄了。

/四十六/
省察自身的必要

《诗》云:"潜虽伏矣,亦孔之昭!"故君子内省不疚,无恶于志。君子之所不可及者,其唯人之所不见乎?

"潜虽伏矣,亦孔之昭!"这句诗仍出自《诗经》,意思是有一个东西沉在水里很深,人们仍然看得清清楚楚。这句话听上去很简单,可《中庸》做了发挥和引申,使它更为深刻了,强调了君子自省的重要性。一般来说,人们提高自己的修为,更多集中在行为上,比如不要违法乱纪,不要伤害欺诈别人等,很少有人究其背后的原因,是否能够在内心深处杜绝造成恶行的意念的产生。

明代思想家王阳明提出"省察克治"的方法,就是要君子不

/ 四十六 /　省察自身的必要

断地反省自己，把潜藏在心底的念头和想法看得清清楚楚，并仔细观察这些心念是否都是光亮的。如果有了不好的念头，是否能够马上观照到，并让其消散。这其实对修行的人提出了一个修行的要求，就是在确保自己行为端正的同时，还要尽可能地让心念也端正，"故君子内省不疚，无恶于志"。君子应该常常内省，觉察隐藏在心灵深处的念头是否会令自己愧疚。

"君子之所不可及者，其唯人之所不见乎？"这句话的意思是，君子比一般人高明之处在于，能观察到一般人观察不到的地方，因为君子能够常常自省。君子和小人，表面看来两者之间没有区别，因为那个区别潜藏在人们看不到的地方——人内心深处的想法中，以及人做事过程中的每个细节里。比如君子做事，会有堂堂正正的标准，这个标准要求他们不违背伦理和圣贤之道，这是一般人无法企及的，也是能让人肃然起敬的。

真正的君子做事从不是做给别人看的，而是他们对自己有内在要求。他们力争观察自己的每个念头是否中正，真诚地修自己的心念。

《中庸》的人生感悟

/四十七/
至诚对人的影响

《诗》云:"相在尔室,尚不愧于屋漏。"故君子不动而敬,不言而信。

《诗》曰:"奏假无言,时靡有争。"是故君子不赏而民劝,不怒而民威于铁钺。

"相在尔室,尚不愧于屋漏。"这句诗的意思是一个人独处的时候,有发自内心的自觉,也能够做到问心无愧,并时刻保持着非常得体的行为,这样的人就是君子。他们独处时呈现出来的状态,也是君子该有的状态。

现实中很多人呈现出来的得体的状态,比如不盗、不贪腐,往往是迫于制度的压力和约束,这没有什么可值得赞扬的,因为他们知道做出那些不良行为所要付出的代价,通常会比得到的更

四十七 至诚对人的影响

大，所以他们的这种"自觉"不是真正的"自觉"，是外力下的被动选择，是不得已的行为结果。只有不需要任何外在的、强制性的约束，也能表现得非常得体，才是真正的"自觉"，表面看来是内在自我管理能力非常强，实际上是心灵得到了净化。这样的人，自己就能够管理好自己，他们根本不需要依靠外在制度约束，他们的内在和外在是一致的，"故君子不动而敬"。这是君子应有的状态。修到了这个程度的人，就连内在的气质都是很恭敬的，他们根本不再需要向别人证明自己。

俗话说"相由心生"，君子不用行动，不用说话，他们由心境生发出的气象就是真诚的，是能得到别人认可的，他们"不言而信"。就像一个人祭祀时，内心里升起的恭敬，不需要说出虔诚，他的每个动作都在表达着至诚，这就是"奏假无言，时靡有争"。内心里升起的恭敬根本不用说出来，那种庄严肃穆的气氛是自然生发出来的。

"是故君子不赏而民劝"，就是真正的君子所表现出来的至诚之心，是非常容易打动老百姓的，即使还没有给他们应有的好处，他们也愿意心悦诚服地拥护君子，信服君子。真诚是能打动人的，比如，我们看影视剧的时候会哭，就是因为演员演得很真。《集结号》上映的时候，打动了不少观众，据说其中有一个演员，把自己和那个角色融为一体了，有一年多的时间都沉浸在了自己饰演的角色里。正是他真诚的演绎，感染了自己，也感动了观众。

一个领导者带着至诚之心为人民打拼时，是能够感天动地的，老百姓也能看得懂，感受到。不论职务高低，当他心甘情愿为人民服务时，他一定能够得到老百姓发自内心的拥护，"不怒而民威于铁钺"。他一颗至诚之心所营造的气场，比拿着武器要强大得多。

因此，真正的领导者，能洞悉自己的责任和使命，带着至诚之心对待工作、对待别人，自然就会得到别人发自内心的拥护、赞赏和爱戴。

/四十八/
让自己成为社会上的关键少数

《诗》曰:"不显惟德,百辟其刑之。"是故君子笃恭而天下平。

《诗》云:"予怀明德,不大声以色。"子曰:"声色之于以化民,末也。"

《诗》曰:"德輶如毛。"毛犹有伦。"上天之载,无声无臭。"至矣!

"不显惟德,百辟其刑之。"大力弘扬天子的德行,各方诸侯、各级官员,以及民间百姓都会跟着效仿,"是故君子笃恭而天下平"。当君子扎扎实实、恭恭敬敬地去做事,认认真真地修养自己的美德时,天下就可以治理得很好。这与孔子说的"君子之德风,小人之德草,草上之风必偃"有异曲同工之妙。

君子做人做事就像风一样,他们所树立起的标尺,很快就能在社会上传播，使得民间百姓争相效仿。所以，社会风气的走向，就在于关键的少数人是怎么做的，其中也包括领导者的德行修为。如果他们能够发自内心地热爱百姓，认认真真、兢兢业业地工作，为人民做出表率，整个社会就能够风清气正。

在社会舆论中，真正起主导作用的往往是那几个关键的少数，通常是经世人认可的几个君子。一般来说，一个组织的领导者通常就是关键的少数。制度建设、法治建设这些刚性的条款固然重要，但领导者恭恭敬敬、平易近人的良好习气更为重要，很多时候风清气正的社会风气，需要领导者的带动。如果一名领导者不仅能把自己的亲属、孩子管得好，工作上也能做到不以权谋私，那么他所展现出来的浩然正气，必然能够带动社会风气向好的一面发展。反之，领导者自己的德行不够，常常在私下里进行权钱交易，为自己谋取私利，一次两次很难被人发现，做得多了，也就难保不被人发现，一旦东窗事发，他所失去的，不仅仅是一名领导者应有的尊严。由这样的人向别人宣讲奉公守法，自然也不会有人肯听肯信。总之，无论社会怎么发展，领导者率先垂范、以上率下的作用都是不可取代的。

"予怀明德，不大声以色。"这句出自《诗经·大雅·皇矣》，意思是我非常怀念文王的那种德行，他在治理国家的时候，从来不会大声呵斥自己的属下。孔子说："声色之于以化民，末也。"

/四十八/ 让自己成为社会上的关键少数

用大声呵斥，或者恐吓的方式管理国家，是非常低劣的行为。真正好的管理，靠的是领导者的德行和修为，使得别人发自内心地敬佩、爱戴领导者。否则，领导者三令五申地强调一件事，都不会有人肯听、肯信，还要通过声色俱厉恐吓别人的方式达到想要的效果，起到管理的作用，这个组织也就失去了该有的活力和公信力。

"德辅如毛。"出自《诗经·大雅·烝民》，《中庸》以此诗篇作为结尾也是别具匠心。"德辅如毛"本身的意思是指一个非常有德行的人对社会产生的影响力，就像毫毛一样轻轻地飘落下来，那是一种非常温润的、异常细微的影响。但无论如何轻小细微，这个过程是着痕的，是有迹可循的，即"毛犹有伦"。这就像羽毛在落下的时候，纵然声息俱小，却犹然有痕。可是"'上天之载，无声无臭。'至矣！"，宇宙的大道在运化整个宇宙的时候，却是"无声无臭"，没有任何痕迹的，这才是一种最高妙的智慧。

孔子说："天何言哉！四时行焉，百物生焉，天何言哉！"这是对世上那些真正得道的圣者的一种肯定和赞美。上天不说一句话，该下雨时下雨，春夏秋冬四时按时更迭，就像一个真正有修为的人，内心非常清净，非常干净，他由内而外散发的必然是圣者的气象，"从心所欲"而"不逾矩"，不着任何痕迹，言谈举止展现出来的是圣者不自觉呈现出的天然状态。修到这个状态的人,已经把人性中的污点都去掉了,剩下的是一颗圆灼灼的、非常光亮的、清净的真心。他举手投足都是"道",一言一行都是圣者的气象。

《中庸》以此结尾既是非常精妙的结构设计,也代表着一种美好的向往和愿景,别有一番意趣在里头,值得今天的我们认真学习和思考。

后记
文化的生命力在于传播

我所解读的《中庸》，是基于我本人对中国文化的理解，或者阅读《中庸》后的体会。当然，我也参照了一些名家名篇的解读，更多的是我对它的理解。或许有些地方的解读并不恰当，不符合您内心的原有认知，也希望多批评，多指教，毕竟我的解读只是众多解读中的一种。如果您有更好的解读，或者更高明的见解，也欢迎大胆提出，我们共同讨论，诚如孔子所言"君子和而不同"。人类的文明就是在不断的碰撞融合之中更好地发展起来，并持续发展下去的。

我在解读的过程中，尽可能与诸人"和而不同"，多一点创造，以此形成自己的一点特色。希望您读了我的解读之后，也能结合自己的原有认知，有更深刻的体会，有更好的理解，这会让我倍感欣慰。若果真如此，我要真诚地祝贺您。

处在经济全球化时代的我们，面对任何一种外来文化，都应保持"和"的学习态度和胸怀。在学习的过程中，绝不完全模仿和照搬，结合我们民族的历史和文化去创造、去升华，这也是中国文化持续发展应该走的一条路。

《中庸》是中华民族最重要的经典之一，它的思想主旨总结起来就是两点：一个是成己，一个是成物。成己是修自己，成就自己。无论是"天命之谓性"，还是"率性之谓道"，抑或"至诚之心"，等等，都是在"成己"，人之所以是人，是因为我们都有向上追求的心，有向上追求的愿望，这是体现人类文明意义的一种方式。

人不是被规定的，而是可以自己生成，自我创造的。《了凡四训》的作者了凡先生，听到别人给他算命，他以为算得很准，也就认了那样的"命"，那是他当下的状态。那个状态就是被规定好的，对于当下的了凡这个人来说，不是真正意义上的"人"。真正意义上的"人"，是自己创造自己的生命，自己把握自己的命运，能够自己成全自己。

后来，他到了南京的栖霞寺，经过云谷禅师的教导和启发，才懂得了"命自我立、福自己求"的道理。自此，他的命运发生了根本性的变化。此时的了凡先生，才是一个真正意义上的人，他所表现出来的状态，是一个觉者该持有的精神状态，这就是"成己"。

所谓成物，就是承担社会的责任，它和成己是一体的。一个人只有通过为人民做事、为大众造福，才能真正实现净化自己的目的。反过来，他只有在不断与人打交道为社会做事的过程中，才能充分体现出自我的修为。

一个人境界的高和低，不是在书斋里空谈出来的，而是在不断的实践中展现出来的。孔子说："学而时习之。"学习和实践充分结合产生的合力，是让一个人获得根本性成长的主要因素，是一个人成长的自我需要，也是中国文化非常重要的特色之一。

总而言之，一个人成己的过程，就是不断净化自己、升华自己的过程，也就是更好地为人民做事、为社会做事、为大众造福的过程；反过来，一个人只有在成物的过程中，也就是在为大众造福的过程中，才能更好地净化自己、升华自己。成己和成物相辅相成，有机统一，这是《中庸》在个人修为方面倡导的精神。

《中庸》在国家建设方面，也为我们摹写了可供参考的样本。它认为在一个国家的治理中，制度、法律固然重要，个人的德行和智慧更加重要，再严密的制度和立法也约束不了坏了的人心。

归根结底，社会是人的社会，由一个个鲜活的人组成，如果人的修为、德行出现了问题，社会就不可能没有冲突，不可能没有问题。如果每个国家都是由一个个坏了人心的人组成，由这样的国家组成的世界，就不可能没有战争。由一个个有智慧、有德行的人组成的社会，才能产生更多的和谐，燃起更多的文明之光，也才能从根本上减少战争和冲突。

当然，很多人认为《中庸》要求的个人境界，实现起来很难。实际上任何一种幸福实现起来都是不容易的，如果我们不甘于人类有那么多战争和血腥，不甘于社会有那么多的欺骗和不公，就应该努力从当下开始，从自我开始，一点点改变，由"我"及他，由点及面，让世界越来越好。只有这样，我们向往的人与人之间互相尊重和爱护、和谐包容的社会风气，我们希望的每个人都能爱护自己、尊重父母和家庭、彬彬有礼的社会秩序才能实现。这是理想，也是我们每个人该努力的方向，共同奔赴的目标。

这个方向和目标，在《中庸》《大学》《论语》等很多中华典籍里都有所体现。而我解读《中庸》或者其他中华典籍的目的，就是要穿越历史的时空，把我们这个民族几千年最精彩的智慧提取出来，为中国的未来，也为人类的和平，以及人类文明永久的繁荣，做出应有的贡献。

后记　文化的生命力在于传播

人类应该生活在一个互相爱护、互相尊重的社会环境里，也就是《中庸》里所提倡的"万物并育而不相害，道并行而不相悖"的和谐社会。中华民族要勇于肩负起人类文明的使命，为整个人类的未来指出一条大同的路，四海之内皆兄弟的路，更少血腥、更多文明的路。

诚心诚意地感恩大家，如果觉得这本书对您的人生有一点启发，希望您能广为传播。文化的生命力就在于传播，在于影响更多的人。同时，也希望您知行合一，把从中学到的智慧落实到实际行动中。最后，祝福所有喜欢《中庸》、喜欢中华典籍的朋友们，都能够事业有成、家庭和睦。